Studien zur Kunstgeschichte | Band 5

KUNSTGESCHICHTE UND BILDUNG

DORTMUNDER | SCHRIFTEN ZUR KUNST

VERBAND
DEUTSCHER KUNSTHISTORIKER

Impressum Dortmunder Schriften zur Kunst
Studien zur Kunstgeschichte | Band 5
herausgegeben von Barbara Welzel

Claudia Hattendorff / Ludwig Tavernier / Barbara Welzel (Hg.)
Kunstgeschichte und Bildung

Bibliografische Informationen der Deutschen Bibliothek
Die Deutsche Bibliothek verzeichnet diese Publikation in der deutschen Nationalbibliographie;
detaillierte bibliografische Daten sind im Internet über <http://dnb.ddb.de> abrufbar.
ISBN 978-3-8482-5321-0

© 2013 Dortmunder Schriften zur Kunst und Autoren

Dieses Werk, einschließlich aller seiner Teile ist urheberrechtlich geschützt. Jede Verwertung außerhalb
der engen Grenzen des Urheberrechtsgesetzes ist ohne schriftliche Zustimmung der Dortmunder Schriften
zur Kunst unzulässig und strafbar. Das gilt insbesondere für Vervielfältigungen, Übersetzungen in andere
Sprachen, Mikroverfilmungen und für die Einspeicherung und Verarbeitung in elektronischen Systemen.

Gestaltung: Roland Baege

Herstellung und Verlag: BoD - Books on Demand, Norderstedt

Studien zur Kunstgeschichte | Band 5

KUNSTGESCHICHTE UND BILDUNG
Claudia Hattendorff / Ludwig Tavernier / Barbara Welzel (Hg.)

DORTMUNDER | SCHRIFTEN
| ZUR KUNST

INHALT

9 **Grußwort**

11 **Vorwort**

15 *Reinhold Baumstark*
Kunstgeschichte und Bildung

25 *Joseph Imorde*
Bildung durch Reproduktion – Wissenschaft als Re-Informierung
Zur Popularisierung kunsthistorischen Wissens nach 1900

37 *Claudia Hattendorff*
Konvergenzen und Divergenzen zwischen Kunstgeschichte und Kunstpädagogik heute

49 *Ludwig Tavernier*
Hilfswissenschaft oder Bildungsfach?
Überlegungen zur Rolle der Kunstgeschichte im Schulunterricht

63 *Barbara Welzel*
Kunstgeschichte, Bildung und kulturelle Menschenrechte
Dortmunder Projekte

87 *Klaus Krüger und Karin Kranhold*
Bildung durch Bilder
Ein Erfahrungsbericht zur interdisziplinären Vermittlung kunstwissenschaftlicher Kompetenzen im Schulunterricht

103 *Sylvia Metz*
Kunstgeschichte als Impulsgeber
Neue Wege der kunsthistorischen und kunstpädagogischen universitären Ausbildung am Beispiel der Bildungspartnerschaft zwischen der Justus-Liebig-Universität Gießen und der Schirn Kunsthalle Frankfurt

110 **Florentiner Appell**
Ein starkes Zeichen für Europa:
Kunstgeschichts-Unterricht in den Ländern der Union

112 **Eine Stunde Kunstgeschichte**

115 **Autorinnen und Autoren**

GRUSSWORT

Wir Kunsthistoriker arbeiten auf sehr unterschiedlichen Feldern – in Museen, Denkmalpflege, Universität, Erwachsenenbildung, Handel und so weiter. Was uns dabei eint, ist, dass wir für ein Publikum, oder präziser, eine Gesellschaft arbeiten, der die Kunst, alte wie neue, etwas bedeutet, ja unverzichtbares Bedürfnis ist: als ein Teil ihrer Geschichte, ihrer Identität.
Selbstverständlich ist das Bewusstsein solcher Unverzichtbarkeit freilich nicht, vielleicht weniger denn je. Es muss gepflegt, ja erst geweckt werden, eine Aufgabe, die dem Verband Deutscher Kunsthistoriker e.V. existentielles Anliegen ist. Denn es geht dabei um nichts weniger als den Generationenvertrag für das kulturelle Erbe im Bereich der bildenden Künste. Da die Schulen hier meist nur unzureichend ihrem Bildungsauftrag entsprechen können, kommt es darauf an, Lösungen zu finden und sicherzustellen, die den Kindern und Jugendlichen den Zugang zur Kunst und möglichst auch zu einer Bildkompetenz eröffnen.
Wir haben deswegen das Thema Kunstgeschichte und Bildung prominent auf dem letzten Kunsthistorikertag 2011 in Würzburg platziert. Unser Vorstandsmitglied Prof. Dr. Barbara Welzel, die hier seit Jahren Beispielhaftes leistet, hat sich der Aufgabe energisch angenommen; ihr und den Mitherausgebern sei herzlich gedankt. Besonderer Dank gebührt auch unserem früheren Vorsitzenden, Prof. Dr. Reinhold Baumstark, Generaldirektor der Bayerischen Staatsgemäldesammlungen i.R., der mit seinem gewichtigen Plenumsvortrag dem Anliegen Nachdruck verliehen hat.
Mit der Publikation der Sektionsbeiträge wird es gewiss gelingen, dem Thema weitere Aufmerksamkeit zu verschaffen und der sich erfreulich ausbauenden Initiative zugunsten einer kunsthistorischen Bildung für Kinder und Jugendliche noch größere Unterstützung zu gewinnen.

Prof. Dr. Georg Satzinger
Erster Vorsitzender
Verband Deutscher Kunsthistoriker

VORWORT

Kunstgeschichte und Bildung: Mit der Sektion zu diesem Thema auf dem 31. Kunsthistorikertag in Würzburg 2011 hat sich der Verband Deutscher Kunsthistoriker vorgenommen, nach dem Beitrag und nach der Verantwortung der Kunstgeschichte sowie nach dem spezifischen Potential der Kunstwerke in Bildungsprozessen zu fragen. Um die Stimmen der professionellen Kunstgeschichte möglichst auch über die Grenzen des Faches hinaus in Bildungsdebatten zur Geltung zu bringen, wurde die Anregung aufgegriffen, die Vorträge dieser Sektion und weitere Beiträge aus dem Forum »Kunstgeschichte in Schule und Lehrerbildung« auf dem Würzburger Kunsthistorikertag in der vorliegenden Form zu publizieren.
Wie ist die Ausgangslage für eine Einmischung der Kunstgeschichte in Bildungsprozesse? In Deutschland sind zahlreiche kunsthistorische Institute und einzelne kunsthistorische Professuren für den fachwissenschaftlichen Anteil in der Lehrerinnen- und Lehrerbildung für das Fach Kunst zuständig. Hier findet das Studium künftiger Lehrerinnen und Lehrer zu den Themen und Bereichen der Bildkompetenz, der Vermittlung des kulturellen Erbes, der schichtenübergreifenden Hinführung zur Teilhabe an den kunsthistorischen Schätzen in den Museen und in den Städten, der Verankerung der Denkmalpflege in der schulischen Bildung et cetera statt. Aber auch in anderen Fächern spielen Bilder und kunsthistorische Objekte eine bedeutende Rolle, beispielsweise im Geschichts-, Religions- oder Deutsch- und Fremdsprachenunterricht. Dessen ungeachtet sind in aller Regel keine Kunsthistoriker an der Ausgestaltung von Bildungsplänen und -standards sowie von Curricula beteiligt. Auch nimmt das Fach keinen Einfluss auf die Aus-

formulierungen von Fachdidaktiken, Schulbüchern und Unterrichtsmaterialien. Damit aber kann es – im Unterschied zu beinah allen anderen Fächern (wie Germanistik, Geschichte, den Philologien, weiter auch Mathematik, Physik, Chemie und so weiter) – ein entscheidendes Feld seiner gesellschaftlichen Verankerung nicht mitprägen. Das Fach überlässt die Fragen von Legitimation und Inhalten vielmehr weitestgehend Nichtkunsthistorikern.

Vor diesem Hintergrund wird im vorliegenden Band zunächst die Debatte innerhalb der Kunstgeschichte aufgenommen, wie sich das Fach in der Bildungsdiskussion verortet. Welche Verantwortung kommt der Kunstgeschichte als dem Sachwalter der künstlerischen Überlieferung zu? Reinhold Baumstark spricht in Anlehnung an Aby Warburg von der »Mnemosyne« und beleuchtet die besondere Rolle der Museen als Orte der Vermittlung und Bildung. Die Frage nach der Vermittlung von Kunstwerken in die Gesellschaft hinein berührt auch die Wissenschaftsgeschichte der Kunstgeschichte in zentralen Punkten. Es gilt einerseits die Medien der Rezeption – Stichwort: Fotografie –, andererseits das Verhältnis zwischen affektiver Rezeption und Analyse zu reflektieren. Dieser Knotenpunkt zwischen Kunstvermittlung, Rezeption und Fachgeschichte ist Thema des Beitrages von Joseph Imorde.

Ein zentrales Thema des vorliegenden Bandes ist das Verhältnis des Faches Kunstgeschichte zur Kunstpädagogik, die sich regelmäßig als Bezugswissenschaft des Schulfaches »Kunst« versteht, das in Deutschland künstlerisches Arbeiten und Kunstgeschichte unter einem Dach mehr schlecht als recht verbindet. Beinahe inexistent ist eine Fachdidaktik Kunstgeschichte. Hier ist einerseits, so Claudia Hattendorff, der zielführende Dialog zwischen Kunstpädagogik und Kunstgeschichte ein dringendes Desiderat. Andererseits, so Ludwig Tavernier, ist im europäischen Vergleich noch einmal zu fragen, ob nicht die Kunstgeschichte ein Grundlagenfach eigenen Rechts sein sollte. In diese Richtung jedenfalls weist der »Florentiner Appell«, der als wichtiger, in Deutschland bisher jedoch weitgehend ungehört verhallter Beitrag an diesem Ort noch einmal abgedruckt wird.

Bildungslegitimationen, die Verortung der Teilhabe am kulturellen Erbe in Konventionen von der »Allgemeinen Erklärung der Menschenrechte« über das »Europäische Kulturabkommen« bis hin zur »Konvention von Faro«, die diese Diskurse für die heterogenen Gesellschaften des 21. Jahrhunderts programmatisch öffnen, bieten den Rahmen, in dem Barbara Welzel kunsthistorische Bildungsprojekte in Dortmund vorstellt. Solcherart »Best-practice-Beispiele« waren ein wichtiges Anliegen der Sektion »Kunstgeschichte und Bildung« auf dem Würzburger Kunsthistorikertag, um die mit ihnen verbundenen Absichten zu erläutern, um Modelle bekannt zu machen, um voneinander zu erfahren und zu weiteren Projekten zu ermutigen. Einer solchen Vernetzung von Einzelinitiativen dient das Projekt »Eine Stunde Kunstgeschichte«, das in diesem Band vorgestellt wird. Das von Karin Kranhold und Klaus Krüger konzipierte und von der Robert Bosch Stiftung geförderte »Denkwerk Kunstgeschichte – Bildung durch Bilder« existiert bereits seit mehreren Jahren und führt breit angelegte Projekte mit Schulen in Berlin und Brandenburg durch. Es zeigt – ebenso wie die beiden anderen Projektbeispiele –, dass diese Aktivitäten sehr gut in das Studium der Kunstgeschichte integriert werden können. Das dritte der vorgestellten Projekte ist die Bildungspartnerschaft zwischen der Universität Gießen und der Schirn Kunsthalle Frankfurt. Auch bei dieser von Sylvia Metz betreuten Kooperation wird deutlich, wie sehr die Studierenden diese Programme als Bereicherung ihres Studiums und als Beitrag zu ihrer Professionalisierung wahrnehmen.

Der »Florentiner Appell« misst mit guten Gründen der kunstgeschichtlichen Bildung eine zentrale Rolle in der Zukunftsgestaltung Europas zu. Moderne Kunstgeschichtsschreibung liefert die Grundlagen zu einer Kommunikationsfähigkeit über kulturelles Erbe und über Bilder. Kunstgeschichtliche Bildung ist ein wesentlicher, ja geradezu bestimmender Teil interkultureller Kompetenzen, die zu den Schlüsselkompetenzen des 21. Jahrhunderts zählen und den täglichen Erfolg in den dynamischen multiethnischen Gesellschaften einer globalisierten Welt, gerade auch in Europa bestimmen. Vor diesem Hintergrund scheint es dringend geboten, dass die fachlichen Auseinandersetzungen um Kunstgeschichte und Bildung weiter intensiviert und die bisherigen Projekte nachhaltig fortgeführt werden. Die Verankerung der Kunstgeschichte in Bildungsprozessen hat, so unsere Überzeugung, wesentlich Anteil an der Entwicklung der modernen Gesellschaften in einer globalisierten Welt.

Claudia Hattendorff, Ludwig Tavernier, Barbara Welzel
im Dezember 2012

KUNSTGESCHICHTE UND BILDUNG

Reinhold Baumstark

Kunstgeschichte und Bildung: Dies ist das Thema einer Sektion des XXXI. Deutschen Kunsthistorikertages in Würzburg, in der Kolleginnen und Kollegen einer jüngeren Generation den Bereich der Erziehung – und damit der Heranführung an kunstgeschichtliches Wissen, des Weges der Ausbildung hin zu Bildung – an Hand von Fallstudien aufzeigen werden. Als Museumsmann habe ich die Arbeit der Vermittlung von Kunst und kunsthistorischem Wissen an Jugendliche zu schätzen, ja zu bewundern gelernt. Denn mit diesem Einsatz wird ein Fundament gelegt, ohne das eine Teilhabe an dem Erbe von Kunst und Kultur von der Antike bis hin in unsere Zeit kaum möglich wäre. Ausgehend vom Staunen vor der Kunst und von der Lust des Schauens wird dank dieser Vermittlungstätigkeit Verständnis für das komplexe Verhältnis von historischem Zeugnis und künstlerischem Duktus geweckt, werden Keime späterer Bildung gepflanzt. Und so behandelt die Sektion »Kunstgeschichte und Bildung« das Hereintragen der Kunstgeschichte in den schulischen Unterricht, dazu Lehrpläne und Lehrerausbildung, kurz den Eros der Weitergabe des Kerns unserer Disziplin. Ich will für diesen Weg der Ausbildung hin zu Bildung keine eigenen Rezepte hinzufügen – meine Position ist eine andere, und zwar die an der Ziellinie, auf die hin die Anstrengungen der Erziehung gerichtet sind. Diese Ziellinie meint das Repositorium der Werke, die es zu befragen gilt, die zum Sprechen gebracht, die verstanden und dann geliebt werden sollen, das Museum. Wenn nun über »Kunstgeschichte« und »Bildung« zu handeln sein wird, so muss allerdings sofort ersichtlich sein, dass in dem Begriffspaar die Gefahr der Tautologie lauert, erhebt unsere Disziplin doch seit jeher Anspruch auf Kernbereiche gebildeter Konversation, scheinen selbst für den weitest gespannten Bildungsbegriff der Umgang mit den Künsten und das Wissen um sie unverzichtbar. Angesichts dieser Verwobenheit des Fachs mit dem Ideal des pädagogischen Wertes der Kunst lösen sich in der Tat altehrwürdige Maximen aus dem Urgrund der noch jungen Kunstgeschichte und kollidieren mit den Gegebenheiten, den Ansprüchen, den Krisen unserer Zeit. Der Diagnose dieses Konflikts und seinen Folgen sollen hier einige Bemerkungen gewidmet werden, ohne allerdings den Themenkreis auch nur annähernd ausloten zu können.

Zunächst gilt es, den Blick auf den heute diffus, ja schemenhaft gewordenen Begriff der Bildung zu richten. Wir brauchen dabei in der Etymologie nicht bis auf Meister Eckhart zurückzugehen, sondern können gleich mit Herder, Pestalozzi und Wilhelm von Humboldt auf den Siegeszug eines bürgerlich gewordenen Bildungsbesitzes klassisch antiker, dann europäisch neuzeitlicher Kultur einschwenken. Der Dreischritt eines lebenslangen Bildungsprozesses von Lernen, Kenntnissen und Reflexion sollte den individuellen Charakter einer Person wie die Gemeinschaft der Nation entfalten, versprach mit der Formung von Geist und Seele die eigentliche Menschenbildung, die überzugehen hatte in staatsbürgerliche Gesittung. Die sich so entwickelnde Mündigkeit erlaubte sicheres Urteil, einen klaren Blick, ermöglichte die Teilnahme am geistigen Leben der Zeit. Dieses Gebildetsein in einem humanistischen, die Klassik der Griechen und der Goethezeit umgreifenden Sinn bezog sich nicht nur auf den Wortbegriff des »Bildens« und damit die künstlerische Formgebung, sondern sah zugleich einen seiner zentralen Bildungsinhalte in der Kunst. Friedrich Schillers politisches Glaubensbekenntnis, zugleich sein Postulat der pädagogischen Kraft der Kunst, die Schrift »Über die ästhetische Erziehung des Menschen«, geschrieben im Wetterleuchten der Revolution, erschienen 1795, gilt der Schönheit, durch die der Mensch zur Freiheit wandert. Die Erfahrung der Schönheit, so Schiller, heilt den modernen Geist, erschafft kulturelle Harmonie, bildet den Menschen zum wahren gesellschaftlichen Wesen. Damit ist ein idealistisches Panorama entfaltet, von einer kristallklaren Unbedingtheit und einem großmütigen Pathos, die kaum in das Leben zu übertragen waren. Dennoch waren der Humboldt'sche Bildungsbegriff und der ästhetische Glaubenssatz Schillers Leitbilder von prägender Kraft, beförderten ein bürgerliches Statusdenken, wurden wie ein Palladium durch die Erziehungslandschaft des 19. Jahrhunderts getragen, um dann zu purer Konvention zu gerinnen. Den Prozess der Veräußerlichung übernahm das 20. Jahrhundert, um dann über Sinnentleerung und Sinnentzug das Ende eines Kanons humanistischer Erziehung wie gesellschaftlicher Stellung und Distinktion herbeizuführen. Was uns heute bleibt, sind Scherben eines alt gewordenen Bildungsideals.

Wir können diese wie auf einer archäologischen Fundstelle mühsam aufklauben, ein Zusammenfügen gelingt im besten Fall nur mehr lückenhaft.

Das Fach der Kunstgeschichte könnte versucht sein, sich dieser Vergangenheit mit der Wissbegier des historischen Studiums zuzuwenden, fern gewordene Bildungsinhalte vermittels der Abgeklärtheit wissenschaftlicher Recherche aufzuarbeiten. Doch eine solche Distanz lässt sich kaum aufrechterhalten. Denn unsere Disziplin ist ursächlich verwoben mit dem neuzeitlichen Bildungsgedanken, ja wurde geradezu mit diesem zusammen geboren, schöpfte aus den gleichen geistigen Quellflüssen eines der Ästhetik verpflichteten Idealismus. Nach den Generationen eines Winckelmann, Kant, Schiller, Heinse, Goethe war es vor allem das zweite Drittel des 19. Jahrhunderts, in dem die Kunstgeschichte gültige Maßstäbe ihrer Professionalität und Wissenschaftlichkeit etablierte, während gleichzeitig der bürgerliche Bildungsbegriff seinen stärksten Wirkungsradius erfuhr. Zeitgleich mit der Ausformung der Kunstgeschichte zu einer Disziplin der Wissenschaft entwickelte sich das Museum aus den Anfängen fürstlicher Kunstsammlungen zu einer Institution des Eigentums einer alle Klassen umfassenden Öffentlichkeit am Kulturgut, zu einer Stätte allgemeiner Bildung. Wie eng die einzelnen Bildungsinitiativen miteinander verzahnt waren, belegt das Beispiel Berlin. Hier hatte Wilhelm von Humboldt mit dem Dreischritt von Elementarschule, Gymnasium, Universität das alles entscheidende Instrumentarium des neuen Bildungsprozesses geschmiedet. Zugleich war er die einflussreichste Persönlichkeit unter den Gründungsvätern, denen wir die Planung und Errichtung von Schinkels Altem Museum verdanken. 1829 an die Spitze der Kommission zur endgültigen Auswahl der Objekte, deren Aufstellung und zur Ausarbeitung von Vorschriften der Museumsverwaltung ernannt, nutzte Humboldt seine Position zur Verwirklichung des Ideals, um das Museum zu einer Freistätte des Geistes, zu einem Ort der Erziehung des Menschen vermittels – ganz im Sinne Schillers – der Kräfte der Schönheit auszuformen. Mit diesem Gründungswerk einer der Bildung dienenden, dem Fachgebiet der jungen Disziplin der Kunstgeschichte übereigneten Institution nimmt in Deutschland die Phalanx der Kunstmuseen ihren Anfang.

Wie aber steht es heute um dieses Fundament, das damals unabweislich schien, dem das Museum Wert und Tragkraft verdankte? Bevor wir uns dieser Frage zuwenden, muss der Blick noch einmal auf den heutigen Gebrauch des Begriffs der Bildung geworfen werden. Das Wort ist schal geworden, so wie der Inhalt, für den es steht, keinen Glanz verbreitet, keinen Nutzen verspricht. Bildung wird vielfach als antiquiert beiseitegeschoben, hat Staub angesetzt, und selbst wenn ab und an der Wert des Bildungsbesitzes beschworen wird, so sind dies rhetorische Floskeln, die zumeist den Begriff der Bildung mit dem Vorgang der Ausbildung verwechseln, ihn damit auf pragmatische Aussagen reduzieren. Kulturpolitiker, Erziehungswissenschaftler, die Öffentlichkeit gebrauchen dagegen eine Formel, die eine zupackendere Nutzanwendung verheißt: Dies ist das Wort vom Wissen, das, täglich gebraucht, sich aus der Fülle der medial verbreiteten Information speist. Die damit etablierte Wissensgesellschaft setzt Maßstäbe zur Ausbildung wie für ein lebenslanges Lernen. Dabei ringt dieses Wissen kaum mehr um das Erkennen von Wahrheit, stellt sich nicht in den Dienst der Menschenbildung, sondern hat funktionalen Wert, ist ausgerichtet auf Fähigkeiten und Fertigkeiten und damit auf die Erlangung von Kompetenz. Eine solche Ökonomisierung des Wissens greift selbst dort, wo einst der Einstieg in den Bildungsprozess begann, der schulischen Erziehung. Ein Beispiel mag genügen. Die PISA-Studie untersucht jeweils in zeitlichem Abstand Leistungen der Lesekompetenz von fünfzehnjährigen Schülern. Dabei geht es nicht um Texte der Dichtung, nicht um Hölderlin oder Kleist, Kafka oder Benn, sondern um Trivial- und Gebrauchstexte, deren Informationsgehalt zu erschließen ist. Lesen wird zur Hilfsfunktion, zum »gezielten Informationslesen« – so PISA –, zur Basiskompetenz und damit anwendungsbezogenen Dienstleistung, wobei das Gespür für die Kunst der Sprache, erst recht das Erlebnis der Kunst der Dichtung ausgeklammert bleibt. Eine derartige Ökonomisierung des Wissens beflügelt selbstredend auch den Bologna-Prozess an den Universitäten. Doch auf ihn will und kann ich nicht eingehen, zu viele Experten – hoffnungsvolle oder leidgeprüfte – befinden sich im Auditorium.

Nun wird man einwenden können, dass selbst angesichts einer Korruption des alten Bildungsbegriffs gerade Museen aufgerufen seien, wirksam Gegenpole zu setzen. Sie seien geradezu Bildungsmaschinen, deren Räderwerk Jung und Alt mit dem Elixier traditionsreicher Bildungsinhalte zu versorgen hätte. In der Tat, die Museen verzeichneten in den vergangenen Jahren steigendes Interesse und demonstrieren heute eine staunenswerte Konjunktur. Eine Welle des Bauens, Neugründens und Erweiterns von Museen steigert die Urbanität unserer Städte und beweist, wie ernst es die öffentliche Hand mit der Bildungspolitik meint und dass sie diese auf gesellschaftliche Akzeptanz gründen kann. Entsprechend wird die jüngere Entwicklung von Besucherzahlen gekrönt, wie sie innerhalb der gut zweihundertjährigen Geschichte der Museumsinstitution zu keinem anderen Zeitpunkt zu verzeichnen waren. Mehr als hundert Millionen Menschen besuchen jährlich ein Museum in Deutschland; es ist dies ein grandioser Ertrag, buchstäblich lässt sich damit Erfolg mit Händen greifen.

Sie werden einem alten Museumspraktiker verzeihen, wenn er hinter dem Glanz dieser Fassade auch Ecken finsterer Vernachlässigung kennt und benennt: mangelnden Unterhalt der Neubauten, gekürzte Subventionen, unzureichende finanzielle Ausstattung, Personalnot, administrative Zwänge, Abhängigkeiten von staatlichen und kommunalen Trägern bis hin zur Knechtung, zu schweigen von dem teils arroganten, teils herrischen, selten verständnisvollen Auftreten von Sponsoren, der Macht von Sammlern wie des Kunstmarkts. Ich will hier jedoch nicht über Leidensdruck und Leidensfähigkeit der Museen lamentieren, vielmehr bei dem Positivum bleiben, das die geradezu überwältigende Massierung des Besuchs bezeugt. Zu fragen ist dabei, welche Erwartungen der Museumsbesuch auslöst, welche Früchte er trägt, in wie weit eine Bildungslandschaft genutzt und hierfür zuvor gehegt wird, ob Fragmente des Ideals der »Ästhetischen Erziehung des Menschen« noch Wirkung zeigen und in wie weit an den Museen Maximen der Bildung als Anspruch auf angemessenes Verstehen vorgelebt und rezipiert werden.

Bevor der Versuch einer Antwort gegeben wird, ist allerdings darauf zu verweisen, dass die gesteigerte Aufmerksamkeit des Publikums auf die Museen einem Umstand geschuldet ist, der in den letzten Jahrzehnten steigende Bedeutung erfahren, ja die einzig ausschlaggebende Wirkung gezeigt hat: das Faszinosum der Wechselausstellungen. Die Besucherströme in die Museen sind vor allem Huldigungen der Menge an die Attraktion des nur für einen kurzen Zeitraum Vereinigten, des Außergewöhnlichen, des in den Medien und der öffentlichen Meinung hoch Gepriesenen. Tiefer reichen Gründe für die Akzeptanz, ja kollektive Begeisterung, mit denen ein großes Publikum Ausstellungen begegnet, sie einfordert, nach ihnen verlangt, wenn man sich vor Augen führt, dass es einer Ausstellung stärker als jeder anderen Präsentationsform gelingt, eine Geschichte überzeugend zu erzählen, das Gesamtbild einer künstlerischen Entwicklung, einer historischen Begebenheit zu vermitteln und die Sprache der Zeugnisse mit der stimulierenden Wirkung ihrer Präsentation zu bündeln, um so Erlebnisse zu generieren, bleibende Eindrücke zu hinterlassen. Ausstellungen verhelfen damit Museen zum Fokus öffentlicher Aufmerksamkeit, sie verbreiten den Glanz des Bedeutenden, lassen die Sonne des Erfolgs über unseren Institutionen aufgehen. Doch ein kritischer Beobachter würde die Augen verschließen, wenn ihm nicht die Parallelen zu denken gäben, die sich zwischen diesem Siegeszugs des Mediums der Ausstellung und dem Befund auftun, den Gerhard Schulze in seiner Kultursoziologie der Gegenwart unter dem Stichwort der »Erlebnisgesellschaft« erarbeitet hat. Erleben – so Schulzes Zeitdiagnose – sei die nun dominante Form, Sinn zu definieren; Erlebnisorientierung sei heute die unmittelbarste Form der

Suche nach Glück. Der unser Leben zunehmend bestimmende Erlebnismarkt verstärke eine Konsumhaltung, bei der Vorzeigbarkeit, Medienwirksamkeit, Imageträchtigkeit, Publikumswirksamkeit gefragt seien. Nach Schulze ergibt sich dann Gefahr, wenn kulturelle Einrichtungen beginnen, sich der Rationalität des Erlebnismarktes unterzuordnen, die Publikumswirksamkeit als alleinigen Erfolgsindikator zu werten.

Was aber ergibt eine derart pessimistische Diagnose für unsere Fragestellung nach der Bildungsfähigkeit des Museums- oder auch Ausstellungsbesuchers? Zweifellos steckt ein Stück der Suche nach dem Erleben, des Glücks im Finden von Faszination und Authentizität in jedem Ausstellungserfolg, und unbestreitbar wird die Grenze hin zur Kommerzialisierung erreicht, wenn in den Museen Designer und Couturiers zu Inszenierungen greifen, um den Schauwert des Originals zu steigern. Nachdenklich muss zudem stimmen, wenn wie jüngst bei Berufungen zur Museumsleitung die Popularität der von Kandidaten verantworteten Ausstellungen mit ihrem Einsatz von Repliken, Computersimulationen und Großprojektionen die Qualifikation für das Amt nachdrücklich steigert. Dass Kunsthistoriker im späten 19. Jahrhundert die Leitung der Museen Künstlern und Liebhabern aus der Hand nahmen, sollte heute nicht zu Gunsten eines vordergründig reibungslosen, erfolgsorientierten Managements aufgegeben werden. Doch die eigentliche Problematik des Ausstellungsbooms reicht in tiefere Schicht. Denn gemäß dem Gesetz kommunizierender Röhren antwortet auf den Besucheransturm für das Ereignis der Ausstellung der schmerzlich spürbare Rückgang in der Akzeptanz der ständigen Sammlungen, zahlt das Museum für den Glanz seiner Ausstellungen den bitteren Preis der Hintanstellung seines ursprünglichen Auftrags. Was zunächst der zusätzlichen Belebung des Museumsalltags hatte dienen sollen, nimmt nun vielfach den eigentlichen Sitz des Lebens in einem Museum ein. Zu ungleich sind die Ausgangspositionen verteilt: Wo die Ausstellung Zusammenhänge präsentiert, herrscht im Museum Vereinzelung; Zuspitzungen und Aktualisierung auf der einen stehen Egalisierung, Reihung und Gewöhnung auf der anderen Seite gegenüber, die Sensation des Neuen überstrahlt das Althergebrachte, und doch übersteigt – paradoxerweise – Rang, Aussagekraft, ja selbst die Aura von Größe und Meisterschaft der eigenen Bestände meistenteils den Status der kurzzeitigen Gäste. Wenn das Museum immer stärker zu einer Kunsthalle mutiert, kommen wir nicht umhin, eine Auszehrung des bisher überlieferten Museumsgedankens zu konstatieren, die Aushöhlung bisheriger Sehgewohnheiten, die Geringschätzung des Nutzens der Museumsinstitution für die Bildung der Allgemeinheit.

Nun wird kein Vertreter unserer Disziplin, kein für ein Museum Verantwortlicher so töricht sein und das Ende der Ausstellungserlebnisse ausrufen wollen. Ich selbst wäre dabei als ein Savonarola höchst ungeeignet, bin ich doch steter Ausstellungsbesucher, angewiesen auf und höchst dankbar für die in Ausstellungen erbrachte Forschung und erinnere mich mit Freude, auch Genugtuung vieler Ausstellungen, die ich in meinem Berufsleben konzipieren durfte. Dennoch trage ich auch an der Last der Verantwortung, die Kollegen meiner Generation und ich auf uns geladen haben, als wir begeisternden Eifer für eine Sache erbrachten, die in sich nicht nur gerechtfertigt, sondern dank ihrer erfolgreichen Wissensvermittlung eine Fundierung von Bildungsinhalten war, und dennoch die Institution schwächte, die uns anvertraut war. Was ist zu tun? Wie gesagt, sicherlich nicht das Ziehen eines Schlussstrichs unter Ausstellungen, wohl aber der Versuch, diese stärker auf die Sammlungsschwerpunkte auszurichten, sie als Propädeutika zum tieferen Eindringen in die eigene Sammlung zu nutzen, dabei Hauptwerke des eigenen Hauses mit der Präsentation von Geschwisterstücken und Objekten des geschichtlichen Umkreises dem Betrachter derart nahezubringen, dass für ihn ein solches Werk geradezu unvergesslich wird. Doch sind dies eher Quisquilien vor einer ungleich größeren Herausforderung, die sich den Museen, stärker noch der Disziplin der Kunstgeschichte stellt. Aus der Fülle dessen, was zu tun aufgetragen ist, will ich hier nur zwei Wegstrecken aufzeigen, von denen ich überzeugt bin, dass es Königswege sind.

Zum einen: Unser Fach wird sich erneut auf sein eigentliches Proprium, das aufklärerische Erbgut unserer Disziplin, besinnen müssen, mit dem den Objekten der Dienst angesagt wurde – den Objekten, deren Deutung die eigentliche Stoßrichtung wissenschaftlicher Bemühungen galt. Angesichts der derzeitigen Perspektivenweitung der Kunstgeschichte, funkelnder Theoriedebatten, fluktuierender Kunstbegriffe, der Öffnung von Grenzen hin zu einer Bildwissenschaft, des Kreisens um den magischen Punkt eines Iconic Turn, des Eintauchens in die Medienlehre und des Erforschens visueller Kommunikationsvorgänge droht das Proprium zeitweilig aus dem Blick zu geraten, entsteht die Gefahr einer Gegenstandsferne. Und doch ist die Bildhermeneutik, das Ringen um die Verständigung über das dem Objekt zu entreißende, an es heranzutragende Wissen, der harte Kern unseres Fachs. Ohne ein Eindringen in den Kontext von Historie, Ideengeschichte und Kultur, ohne die Auslegung gesellschaftlicher, politischer, religiöser Implikation, ohne Verortung der humanen Tradition, schweigt das Objekt und verliert die Kunstgeschichte ihre Sprache. Verschütten wir daher die Werke nicht unter Lasten von Theorie, nehmen wir uns, nehme sich unsere Disziplin nicht wichtiger als die Objekte, deren Deutung uns anvertraut ist. In die Hände von Hermeneuten sind daher die Objekte der Museen zu überantworten. Um diesen Prozess des Deutens zu intensivieren, ist es unabdingbar, die Lehre und Forschung an den Universitäten – stärker als derzeit praktiziert – hierauf auszurichten. Wahr ist, dass Kennerschaft nur im täglichen Umgang mit den Objekten und damit vorrangig an den Museen erworben werden kann, doch die Voraussetzung hierfür ruht auf der akademischen Ausbildung. In hohem Maße unverständlich ist es daher, dass ein gemeinsames Vorgehen zwischen den zwei Institutionen, Universität und Museum, die einander ursächlich bedingen, nur sporadisch realisiert wird, kaum jemals jedoch als fester Teil eines Curriculums. Wenn ich richtig sehe, haben in jüngster Vergangenheit allein in München die zwei Partner zu einander gefunden und gemeinsam einen Promotionsstudiengang angeboten, um so den unmittelbaren Umgang mit Objekten der Museen in das Universitätsstudium einzubinden. Allerdings überdauerte das erstaunlich erfolgreich verlaufende Projekt nur neun Semester und findet derzeit keine Nachfolge. Doch wir sollten uns nicht durch Rückschläge entmutigen lassen.

Wir müssen allerdings – zum anderen – dem Lehrgebäude der Hermeneutik noch ein Stück näher rücken. Keinesfalls haben sich die Anstrengungen des Deutens allein auf die Gewinnung der im Objekt steckenden Information zu beschränken. Zwar verleitet uns hierzu die Verarbeitungstechnik der Flut medialer Bilder, die uns täglich erreicht und der wir mit einem ökonomisierten Sehen, dem Herausfiltern von Nutzanwendung und Informationsvermittlung, Herr zu werden versuchen. Überträgt man diese Sehgewohnheit auf die Objekte des Museums – und tatsächlich geschieht dies auf breiter Front –, so ist man wieder bei der Kompetenz des »gezielten Informationslesens«, die PISA favorisiert. Das Museum generiert sich so zu einem medialen Wissensspeicher, dessen Codes abrufbar sind. Dagegen wird eine wohlverstandene Hermeneutik sezierend die Philologie der Bilder betreiben, wird entwirren und klären, verschieden gelagerte Sinnschichten aufzeigen, ohne deren Verständnis nicht bis zum Kern des Werkes vorgedrungen werden kann. Wer sich mit der Schale der Information begnügt, dem versagt sich das eigentümliche Glück der Begegnung mit dem Werk, die ganz und gar humane Erfahrung der Autonomie ästhetischer Anschauung und künstlerischer Originalität und damit das eigentliche Paradigma unseres Fachs.

Ein letztes sei hinzugefügt. Wir hatten zu Beginn auf das Gemeinsame zwischen unserem Fach, der Institution des Museums und der Ausformung des Bildungsbegriffs entwickelte Wurzelwerk hingewiesen, hatten den Anspruch der Museen, als Bildungsstätten in die Erziehung, die Menschenbildung einzugreifen, verfolgt. Vielleicht ist dies alles inzwischen zu pathetisch geworden, vielleicht müssen wir Abschied nehmen von einem Ideal, dem unsere Zeit nicht wirklich nachleben kann. Vielleicht ist es nun an uns, einen neuen Begriff von der ureigenen Aufgabe des Museums, seiner Wirksamkeit in unsere Gegenwart zu bilden. Ich möchte es mit einem einzigen Wort versuchen: Erinnerung. Die Werke, denen sich die Kunstgeschichte lehrend und forschend zuwendet, die die Museen bewahren und für den Dialog mit den Betrachtern bereit halten, dienen dem Gedächtnis. Durch sie wird bezeugt, was Menschen bewegt und geformt hat, mit ihnen materialisiert sich die Erinnerung einer humanen Tradition.

1726 ließ Jonathan Swift seinen Helden Gulliver in das ferne Land Luggnagg vorstoßen, wo dieser auf eine seltsame Spezies traf. Es waren die Struldbrugs, deren Leben sich zwar in Unsterblichkeit verlief, doch sie waren steinalt, sie waren hässlich und ihrer Erinnerung gänzlich beraubt. Auch die Objekte unserer Museen drängen nach Unsterblichkeit, auch ihnen mangelt es an eigener Erinnerungsfähigkeit, doch diesen unseren Struldbrugs wird Leben eingehaucht, Schönheit zugeschrieben und Vergangenes vergegenwärtigt, und dies durch den Prozess des Deutens. Sie sind Monumente der Erinnerung, weil die Disziplin der Kunstgeschichte an ihnen Gedächtnisarbeit leistet. Ihr sinnlicher Reichtum ist Bildungsbesitz, und so könnte man enden, wie wir begonnen haben, und Schiller zitieren: »Durch die Erfahrung der Schönheit wird der sinnliche Mensch zur Form und zum Denken geleitet.« Doch ich will noch einmal an das Erinnern erinnern. Die orphischen Mythen der Griechen hatten eine beglückendere Sicht auf die Unsterblichkeit als Jonathan Swift. Wer unter den Toten das unsterbliche Gedächtnis zu erlangen suchte, hatte den Fluss des Vergessens zu meiden und aus dem Brunnen der Erinnerung zu schöpfen. Die Göttin des Gedächtnisses, die Herrin dieses Brunnens war Mnemosyne, die Mutter der neun Musen. Aby Warburg hatte seine Kulturwissenschaftliche Bibliothek in Hamburg dieser personifizierten Erinnerung unterstellt, seinen berühmten Bilderatlas nach ihr benannt. Es ist dies auch heute noch für unsere Arbeit kein schlechtes Passwort. Der Kunsthistorikertag, der uns zusammengebracht hat, steht dagegen unter dem Motto des »Genius loci«. Ob und wie sich dieser für die Summe der Sektionen, Vorträge und Debatten tatsächlich benennen lässt, wird sich erst am Ende der Tagung und danach erweisen. Doch der »Genius loci« unserer Disziplin, daran besteht kein Zweifel, ist Mnemosyne. Sie ist die Patronin der Museen, die Magistra der Kunstgeschichte.

Plenumsvortrag der Sektion »Kunstgeschichte und Bildung« auf dem XXXI. Kunsthistorikertag, der unter dem Titel »Genius loci« vom 23.-27. März 2011 in Würzburg stattfand. Für die Publikation wurde die Vortragsform beibehalten.

BILDUNG DURCH REPRODUKTION – WISSENSCHAFT ALS RE-INFORMIERUNG
Zur Popularisierung kunsthistorischen Wissens nach 1900

Joseph Imorde

Die Kunstgeschichte hat sich immer schwer getan mit dem »Original«. Es ließe sich sogar behaupten, dass die klassische Kunstgeschichte mit dem Original oder den Originalen nie etwas hat anfangen können. Dem Fach ist es von allem Anfang darum gegangen – und es musste ihm darum gehen – Distanz zum Gegenstand aufzubauen, das heißt Abstand zum Original methodisch festzuschreiben und zu institutionalisieren. Kunstgeschichte ist in diesem Sinne eine Disziplin, der es darum zu tun ist, Dispositive der Entfremdung zu schaffen – Dispositive der Rekonstruktion, Reproduktion und Re-Information. Die Geschichte der Kunstgeschichte lässt sich so als eine Geschichte der medialen Fernstellung ihrer Gegenstände beschreiben.

Georg Dehio hat schon 1908 auf das entscheidende Instrument dieser sich professionalisierenden Fernstellung hingewiesen, nämlich auf die moderne Technik und spezieller auf die Fotografie. Erst die Fotografie – so Dehio – habe »den angesammelten Schatz alter Kunst aus seiner örtlichen Gebundenheit gelöst« und ihm wie durch ein Wunder »gleichsam Überallheit geliehen«.[1] »Überallheit« ist das entscheidende und zeitgemäße Wort – ein Wort, das in seinem Kern das Problem von Präsenz und Repräsentanz oder auch von »Original« und »Reproduktion« zu beschreiben versteht.

Die Kunstgeschichte hat erst auf Grund der Errungenschaften der Reproduktionsindustrie und dank der Überallheit ihrer Gegenstände zur universitären Wissenschaft aufsteigen können. Erst mit der Fotografie und der Erfindung der technischen Wiedergabeverfahren, wie zum Beispiel der Autotypie, bot sich dem Fach die Möglichkeit, den Paradigmen materialistischer Wissenschaftlichkeit zu entsprechen, das heißt Objektivität zu behaupten und auch die Überprüfbarkeit von Aussagen in nachhaltiger Weise zu gewährleisten. Durch die Festschreibung ihres dokumentarischen Wertes wurde die Fotografie zum wichtigsten Instrument sowohl der kunsthistorischen Forschung wie auch der kunsthistorischen Bildung. Jacob Burckhardt nahm sein mühsam zusammengebrachtes Anschauungsmaterial noch in großen Mappen mit in die Vorlesung, um die einzelnen Bilder dann während des Vortrags herumzureichen; Herman Grimm und andere nutzten um 1900 schon die Vorteile der Projektion mit dem Skioptikon und reproduzierten die Gegenstände in Form von Lichtbildern übergroß in extra dafür abgedunkelte Räume hinein.

Um einer forschenden Betrachtung permanent zugänglich zu sein und gleichzeitig der unterweisenden Beschäftigung zur Verfügung zu stehen, brauchte es (und braucht es noch immer) das umfassende Herauslösen der Artefakte aus den ursprünglichen Zusammenhängen und dann auch das mediale Ablösen der Betrachtung von den originalen Gegenständen.

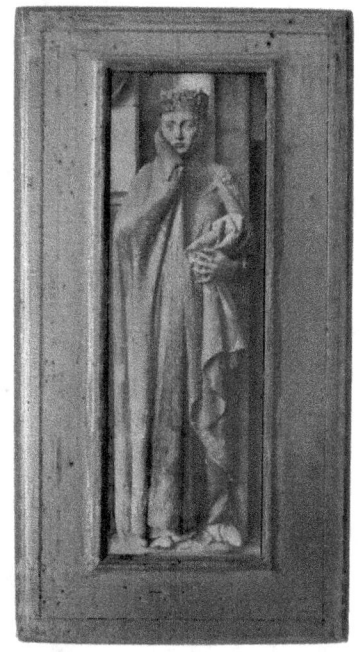

Der mit der technischen Reproduzierbarkeit des Kunstwerks notwendig einhergehende Verlust einsehbarer Kontextualität und begreifbarer Materialität hat in der Geschichte der Kunstgeschichte nicht zuerst zum vielbeschworenen Verlust der Aura geführt, sondern ganz im Gegenteil kompensatorische Schübe ausgelöst, die sich als Prozesse ideologischer Re-Informierung und poetischer Re-Auratisierung beschreiben lassen. Diesen Re-Informierungen und Re-Auratisierungen dient die Armut der fotografischen Wiedergabe des Kunstwerks dazu, einen vermeintlichen Reichtum zu synthetisieren, der notwendigerweise nicht im eigentlichen Gegenstand, sondern vor, neben oder hinter seiner Reproduktion liegt.

Abb. 1 Reproduktion der »Uta« von Naumburg, datierbar auf circa 1930 (nach einer Vorlage von Walter Hege). (Foto: Besitz des Autors)

Das fotografische Bild des Kunstwerkes nötigt den kunsthistorischen Betrachtern durch sein faktisches Ungenügen neue Funktionsbestimmungen ab – und drängt zu Behauptungen eines tieferen Sinns oder einer höheren Ordnung. Das ließe sich mit einem Blick auf die universitäre Kunstgeschichte durch viele Beispiele belegen, hier seien nur zwei schnell angedeutet. Die Stilgeschichte Heinrich Wölfflins hat mit der Ikonologie Aby Warburgs inhaltlich zwar wenig gemein, aber mit ihr darin eine strukturale Ähnlichkeit, dass in beiden das reproduzierte Bild in den Dienst genommen wird und sich in einem je eigenwilligen Argumentationskontext neu zu verorten hat – bei Warburg soll es für eine Kontinuität des »Pathischen« einstehen, bei Wölfflin immer wieder den Epochenbruch und den damit verbundenen Stilwandel bekunden.² Die kunstgeschichtlichen Grundbegriffe Wölfflins und auch der Mnemosyne-Atlas Warburgs sind – wer wollte daran zweifeln – aus Konvoluten von mehr oder weniger qualitätvollen Schwarz-Weiß-Abbildungen hervorgewachsen. Diese aufs Ganze gehende Form kunsthistorischer Heuristik braucht die mediale Fernstellung des Originals, braucht das nachhaltige Herauslösen des Gegenstandes aus seinem Kontext, braucht – um es kurz zu sagen – die dürftige Reproduktion auf dem Schreibtisch.

Dieser Arbeit am Bild muss jedwede Form des Distanzverlustes vor der Kunst allein schon aus praktischen Gründen suspekt erscheinen. Erlebnisberichte und Selbstzeugnisse sind in der Kunstgeschichte bis heute verpönt und spielen – wenn überhaupt – eine marginale Rolle in der Wissenschaft. Doch geben womöglich allein pointierte Selbstaussagen genaueren Aufschluss darüber, was bei der Betrachtung von Originalen denn eigentlich passiert und wirklich vorgeht. Bei dem hier herangezogenen historischen Beispiel handelt es sich um ein Bekenntnis des aus verschiedenen Gründen problematischen Schriftstellers Houston Stewart Chamberlain. Chamberlain besuchte an einem Frühlingstag des Jahres 1879 – als Vierundzwanzigjähriger – zum ersten Mal die Neue Sakristei der Kirche San Lorenzo in Florenz und fiel bei der Betrachtung der Medici-Gräber Michelangelos in Ohnmacht: »Als ich in Florenz zum erstenmal Michel Angelos Grabmal des Lorenzo di Medici sah (ohne zu wissen, was es sei, noch von wem), verlor ich das Bewußtsein: kein Mensch hat das Recht, über diesen Eindruck, den das Kunstwerk auf mich ausübte, zu lächeln, denn hier liegt der Beweis seiner ganzen Wahrheit in dem physischen Phänomen der Ohnmacht.«³ »Durch einen einzigen Blick der Augen, durch ein einziges wonnevolles Erschrecken des Herzens« änderte sich alles. ⁴

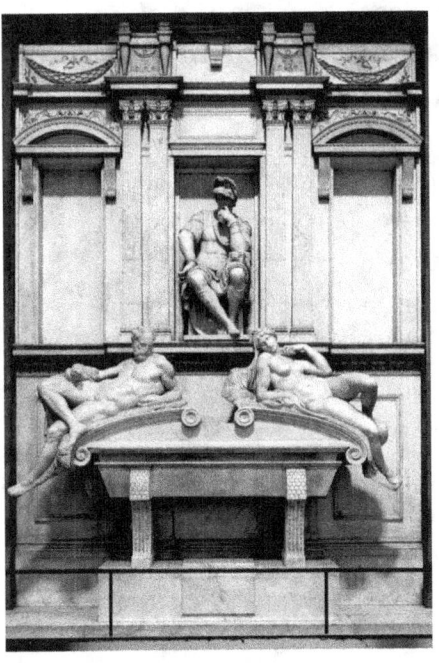

Abb. 2 Michelangelo, Medici-Kapelle.
(Foto: Archiv des Autors)

Was das Erlebnis von einer auf Überprüfbarkeit pochenden Kunstwissenschaft unendlich weit entfernte, war die Tatsache seiner gänzlichen Unwiederholbarkeit. Die Wirkung der Kunst realisierte sich in der totalen Selbstaufgabe. Geschichte hob sich im personalen Erleben auf. Das Original wurde angeeignet und in gewisser Weise empfindsam einverleibt. Was Chamberlains Leben änderte, was ihn gleichsam schlagartig davon absehen ließ, Kunst-»Geschichte« zu studieren, war die sinnliche Wirkung des Kunstwerks auf den eigenen Leib und die sich im Anschluss einstellende nachsinnliche Registratur der eigenen Echauffiertheit. Hier wurde nicht die Kunst historisiert, sondern ganz im Gegenteil ein als Präsenz erlebter Distanzverlust aufgezeichnet und im Nachvollzug als persönlich wertvoll markiert.

Das ließe sich vielleicht so verstehen, dass die unvermittelte Begegnung mit dem Original die Person im besten Falle in eine eigenwillige Gegenwart hineinversetzt und sich dabei ein irrationales Jetzt zur Fühlung bringt. Die über jeden Zweifel erhabenen Augenblicke des Erstaunens, die gleichsam entspiegelten Momente stärksten Mitempfindens und höchster Lust generieren Präsenz und suspendieren in dieser Erfahrung jede Selbstreflektion. Die eigene Identität wird gleichsam weich und eben dort elastisch, wo eine unkompromittierte Aufmerksamkeit plötzlich den Raum zu stauchen beginnt und ein gänzlich zügelloses Interesse am Anderen die Zeit zur Weite dehnt – notfalls in der Totalimmersion ohnmächtigen Hinsinkens. In diesen kurzen Ewigkeiten des Außer-sich-seins hebt sich Geschichte nicht nur auf, sondern sie wird auch mit allen Sinnen aufgehoben. Was sich erinnern lässt, ist die leibliche Resonanz ekstatischer Selbstvergessenheit, etwa jene Entzückung – um mit Friedrich Nietzsche zu reden –, »deren ungeheure Spannung sich mitunter in einen Tränenstrom auslöst, bei der der Schritt unwillkürlich bald stürmt, bald langsam wird; ein vollkommenes Außer-sich-sein mit dem distinktesten Bewußtsein einer Unzahl feiner Schauder und Überrieselungen bis in die Fußzehen«.[5]

Um solche Momente des Außer-sich-seins überhaupt zu realisieren, muss man von ihnen wieder Abstand gewinnen. Bei einer solchen Selbstbesinnung findet allerdings jene vorgängige Überwältigung ihr Ende, denn das, was Gegenwart war, wandelt sich zur Vergegenwärtigung, das, was selbstvergessenes Sinnen war, beginnt sich nun in der Egozentrik eines beurteilenden Nachsinnens zu historisieren. Es stellt sich eine Distanz zur vorgängigen Distanzlosigkeit ein und in dieser Selbstbetrachtung und Selbsthistorisierung steht nicht mehr die Kunst oder das Original im Mittelpunkt, sondern das eigene Erleben – das Erlebnis wird selbst zum Objekt. Schön ist da die Registratur der starken Symptome leiblicher Echauffiertheit. Im Rückblick werden die eigenen Tränen, Schauer und Gänsehäute ästhetisiert.[6]

Vielleicht ließe sich sagen, dass die Kunst – und im emphatischen Sinne das »Original« – dem Betrachter die Möglichkeit eröffnen und Anlass geben kann, der je eigenen Außerordentlichkeit empfindsam zu begegnen.[7] Wichtiger Inhalt einer solchen Begegnung ist der wieder zu Bewusstsein kommende Distanzverlust, und es macht doch stark den Eindruck, als habe Chamberlain sein gegenüber Cosima Wagner beschriebenes Erweckungserlebnis in der Medici-Kapelle nach Nietzsches Vorstellungen eines dionysisch-ekstatischen Außer-sich-seins modelliert.

Das, was Chamberlain in Florenz erlebte, sollte – und das ist eine weitere These – durch die angesprochene »Überallheit«[8] der reproduzierten Artefakte massentauglich gemacht werden. Um und nach 1900 richteten Reproduktionsindustrie und Kunstschriftstellerei ihre Energien auf die Vermarktung selbstvergessener Zustände. Es entstand gleichsam ein Markt der idealistischen Außerordentlichkeit, auf dem die Kunstwerke mit dem Versprechen ihrer ekstatischen Genießbarkeit feilgeboten wurden. Wer daran zu verdienen hoffte, verstand die Proliferation der Kunst – auch in der Form kleinster Schwarz-Weiß-Abbildungen – als ästhetische Erziehung und verfolgte die scheinbar idealistische Absicht, »den ärmeren arbeitenden Klassen höhere Bildung und damit größere Freude am Leben« zu verschaffen.[9] Das häusliche Kunsterleben sollte die Menschen »aus dem Industrialismus« heraus- und in eine höhere Welt einführen. Dabei war alles von Wert – und ich zitiere den Kunstwart Ferdinand Avenarius –, »was vom Blatt Papier zum Geist unmittelbar durchs Auge« sprach.[10] Was mit und in den unzähligen Vorzugsdrucken, Bildbeilagen und Sammelillustrationen zu Markte getragen wurde, war vor allem ein hypostasiertes Kunstempfinden. Die Kunst sollte auch in ihren Reproduktionen unmittelbar zum Gefühl des Publikums sprechen. Kunst wurde – so sahen das viele – »aus Empfindung geboren und nur mit Empfindung erfasst«.[11] Ein gutes Bild konnte da schlechterdings nicht verstanden, sondern nur empfunden werden, und hatte nur eine einzige Bestimmung, nämlich die, ästhetischen Genuss zu bereiten.[12] Zeitschriften, wie der »Kunstwart«, verfolgten das Ziel, einem breiten Publikum mit der Darreichung erschwinglicher Reproduktionen das Sich-Einleben in die Kunst zu ermöglichen. Das war – um es schlagwortartig zu verdichten – praktizierte Einfühlungstheorie. Das Axiom der Kunstwissenschaft, das Axiom des distanzierten und interesselosen Betrachters, sollte da gerade aufgehoben werden. Fehlender Fachverstand durfte und konnte mit ästhetischem Empfinden kompensiert werden. Die Versuche, die »kunstlosen Klassen« mit Reproduktionen zu versorgen,[13] beriefen sich gerade deshalb gerne auf die Einfühlungstheorie, weil sich mit dieser Form der Ästhetik dafür argumentieren ließ, »dass die Beschäftigung mit der Kunst gar keine Sparte der Wissenschaft« und kein Vorrecht selbsternannter »Fachleute« war, sondern eine Sache, die jedem empfindenden Menschen offen stehe. Um Zustände starker

Emotionalität zu erleben und diese vor Bildern an sich selbst zu genießen, müsse man – so Richard Muther – kein ausgebildeter Historiker sein, da reiche es, eine Seele im Herzen und Augen im Kopf zu haben.[14] Starker Emotionalität vor Bildern konnte etwas revolutionär Gleichmacherisches oder auch etwas völkisch Verbindendes zugesprochen werden. Doch hatte die nun vermarktete Ermächtigung des Publikums zum »objektivierten Selbstgenuss«[15] nur vermeintlich etwas Emanzipatorisches, denn mit den dürftigen Reproduktionen trug die Industrie – trugen die Kunstschriftsteller – nicht zuerst die Werke der Kunst zu Markte, sondern die mit diesen Werken verbundenen Re-Informierungen, das heißt nationale Geschichts- und psychologische Charakterbilder. Die Reproduktionen sollten von der Größe der italienischen Renaissance zeugen oder die Genialität des deutschen Künstlers oder des deutschen Formgefühls anschaulich und erlebbar machen. Die vielbeschworene Aura wurde durch die technische Reproduzierbarkeit des Kunstwerks nicht etwa aufgelöst, sie wurde vielmehr verlagert, wanderte ab in eine immaterielle Sphäre, in der die visuelle Rückbindung der Vorstellungen an die originalen Gegenstände nicht mehr zwingend nötig war.

Die Dürftigkeit des reproduzierten Kunstwerks glich die Kunstschriftstellerei durch persönliche, poetische oder politische Re-Informierungen und Re-Auratisierungen aus. Zwei Sätze des Kunsthistorikers Leo Bruhns aus dem Jahr 1924 mögen davon eine Vorstellung geben und das überschwängliche Pathos verdeutlichen, das praktische Einfühlungsästhetiker an den Tag legen konnten, ohne dabei irgendetwas Substanzielles auszudrücken: »Wie ein stilles Leuchten ferner Alpengipfel weckt Leonardo unsere Sehnsucht, die uns wie auf Traumesfittichen in heilige Stille trägt. Wie Sturmesatem braust Michelangelo uns an, alles Feuer in uns entfachend zum Kampfe wider alle Dumpfheit.«[16]

Aufgrund der vor den billigen Bildern notwendigen kompensatorischen Verlagerungen konnte man nach 1900 zum Beispiel vom »ästhetischen Genuss der Künstlerpersönlichkeit«[17] sprechen. Das Auge wurde vor dem billigen Bild auf Durchblick gestellt, um hinter der reduktiven Fotografie ein Stück der Aura des schöpferischen Individuums auszumachen.[18] »Je schroffer, je eigenartiger ein Künstler seine Persönlichkeit zeigte«,[19] je deutlicher und leidenschaftlicher der Charakter und das emotionale Innenleben eines solchen Menschen in seinem Äußeren zum Ausdruck kam, desto leichter fiel dem Publikum die identifikatorische Einfühlung.[20]

Mit der zunehmenden Verfügbarkeit von Reproduktionen trat – um noch einmal Richard Muther anzuführen – der Persönlichkeitskultus an die Stelle der Abstraktion. Im Zuge emotionaler Re-Informierungs- und Re-Auratisierungsprozesse konnte die rein formale Beschäftigung mit den Werken als zu materialistisch beargwöhnt werden: Die Stilgeschichte Wölfflins erschien vielen als zu »philologisch«[21] oder »naturwissenschaftlich«.[22] Bei der Betrachtung popularisierter Reproduktionen ging es eben um »ein eifriges Eindringen in die Persönlichkeit des Künstlers«.[23] Erst das Ein- und Nachfühlen der in den Werken niedergelegten Erregungen ermöglichte »das Nacherleben« etwa der großen Renaissance-Gestalten.[24] Was da genossen wurde, waren die »verborgenen Seelenregungen«[25] oder auch die »Versenkung« in eine schöpferische »Urkraft«.[26]

Aus den billigen Wiedergaben der Werke strahlte für die Volksbildner vernehmlich das Auratische des künstlerischen Heldentums hervor und entfaltete therapeutische Wirkung, denn dieses Heldentum leitete die Menschen – so Fritz Knapp – zu höherem Sein an und lenkte sie dergestalt vom niedrigen Materialismus ab.[27] Hochkunst für die Massen konnte eben auch heißen, einem sozialistischen Gleichheitsgedanken das übermenschliche Einzelwesen entgegen zu stellen. Das billige Bild von der hohen Kunst war unter anderem darin ideologisch, dass es die »Idee des aristokratischen Einzelindividuums« gegen die Kategorie des »Massenmenschentums« im Bereich einer sich als volksbildend tarnenden Bildökonomie verteidigte und einen zuerst auf Distinktion angelegten Idealismus selbst noch im Arbeiterhaushalt zu implementieren versuchte.[28] Die Impfung der »kunstlosen Klassen« mit Ästhetik,[29] das heißt die Darreichung preiswerter Reproduktionen zur Einfühlung in die genialen Persönlichkeiten der Renaissance folgte in diesem Sinne wirtschaftlichen und politischen Interessen.[30] Das war praktizierte Volkserziehung und die richtete sich – aufgrund der vorausgesetzten intellektuellen Beschränktheit der Ziel- und Rezipientengruppen – besonders auf die Emotionalität und instrumentalisierte deshalb die Einfühlungstheorie.[31] Es ging da nicht um das Verstehen der Kunst, sondern um ihr Erleben.[32] Jede Wissenschaft wurde da beiseite geschoben, um dem emotionalen Genuss der Künstlerpersönlichkeit Raum zu geben.

Das Ziel dieser »aus dem Gefühl schaffenden Kunstgeschichtsschreibung«[33] war es nach Richard Hamann, »vergangene Ereignisse unmittelbar nacherlebbar zu gestalten«, indem man etwa »psychologische Erlebnisse in die nackten Tatsachen der Ueberlieferung« hineinlegte.[34] Hamann kritisierte diese Art der Kunstschriftstellerei als ein »Sich-Gehen-Lassen von Autor und Leser«[35] und warnte vor zu viel oberflächlicher Leidenschaft und zu wenig wahrer Tiefe. 1907 kritisierte er die dem Geschäft mit den Reproduktionen zugrunde liegende charakterologische Einfühlungstheorie als »Vermenschlichung« künstlerischer Objekte. Die Gefahr dieser Methode bestand für ihn darin, dass die Einfühlung die Form und Fülle der unmittelbar gegebenen Wahrnehmung gering schätze und durch Ablenken auf gegenstandslose Gefühle schließlich das Verständnis des eigentlichen Wahrnehmungsinhaltes ganz zurücktreten lasse, eben dermaßen, dass der ungebildete Geschmack schwierigen Werken gegenüber sich in Sicherheit wiege, wenn er nur etwas bei ihnen gefühlt habe, auch wenn er sich nichts habe dabei denken können. Hamann sah die rationale Qualifizierung künstlerischer Gegenstände zugunsten des selbstgefälligen Wertens innerer Empfindungen suspendiert und wollte nicht hinnehmen, dass sich in seinen Tagen ein empfindungsgetriebener Populärgeschmack gegenüber einer strengen gedanklichen Arbeit am Werk durchsetzte. Mit diesem Argwohn gegenüber der Einfühlung als kunsthistorischem Erkenntnismittel zielte Hamann natürlich auf die billige Darreichung hoher Kunst für den emotionalen Hausgebrauch.[36]

Dass die ästhetische Zudringlichkeit des Einzelnen dem elitärsten Teil der universitären Kunstgeschichte lästig fiel, änderte allerdings wenig an dem Faktum, dass die deutsche Kunstschriftstellerei nach 1900 kräftig an der Produktion von pathetischer Einfühlungs- und Empfindungsästhetik verdiente. Wer »Kunst für Alle« sagte und das Gefühlserlebnis zum universellen Erkenntnismittel erhob, setzte auf die Reproduktion und hoffte auf die gefühlige Re-Informierung der billigen Bilder durch das breite Publikum.[37]

Ähnlich wie in der universitären Kunstgeschichte hatten erst die »Überallheit« und der »Wust von Reproduktionsbildern«[38] den Dilettanten, Literaten und vermeintlich idealistischen Volkserziehern das Feld[39] eröffnet und den empfindsamen Re-Informierungen der billigen Bilder durch das breite Publikum den Weg bereitet.

Das Original – und das wäre zu betonen – spielte auch in diesen ökonomisierten Zusammenhängen keine Rolle, denn erst die mediale Abstandnahme und Fernstellung bot die Möglichkeit zur empfindsamen Re-Informierung und ideologischen Re-Auratisierung.

1 Georg Dehio, »Deutsche Kunstgeschichte und deutsche Geschichte«, in: Historische Zeitschrift 100 (1908), S. 473–485, hier S. 475: »Zum mindesten die äußere Bekanntschaft mit Werken der Kunst, alter wie neuer, geht in der heute lebenden Generation in die Breite wie nie. Es ist die moderne Technik, die auch nach dieser Seite hin für unsere Kultur ganz neue Bedingungen hervorgerufen hat. Eisenbahnen und Fotografie haben den angesammelten Schatz alter Kunst aus seiner örtlichen Gebundenheit gelöst, ihm wie durch ein Wunder gleichsam Überallheit geliehen, sei es, daß wir als Reisende mit leichter Mühe an ihn herankommen, sei es, daß er in der Vervielfältigung durch den Kunstdruck uns ins Haus dringt. Poesien kann man ungelesen lassen; Architekturen, Skulpturen, Bilder und ihre Nachbildungen nicht zu sehen, ist beinahe unmöglich. Der heutige Mensch, mag er wollen oder nicht, er steht unter einer Überschwemmung von Eindrücken dieser Art, und seine größte Sorge müßte sein, in seinem Geiste in dieses Viele, Vielzuviele einigermaßen Ordnung zu bringen.«

2 Martin Warnke, On Heinrich Wölfflin, in: Representations 27 (1989), S. 172–187.

3 Cosima Wagner und Houston Stewart Chamberlain im Briefwechsel. Herausgegeben von Paul Pretzsch. 2. Auflage. Mit 17 Bildern und Briefwiedergaben, Leipzig: Philipp Reclam jun. Verlag 1934, S. 90–91 (Houston Stewart Chamberlain an Cosima Wagner. Dresden, 29. März 1889), hier S. 90.

4 Chamberlain, Houston Stewart: Lebenswege meines Denkens [1919], (= Gesamtausgabe seiner Hauptwerke in neun Bänden 9) München: F. Bruckmann 1923, S. 224.

5 Ludwig Giesz, Phänomenologie des Kitsches. Ein Beitrag zur anthropologischen Ästhetik, Heidelberg: Wolfgang Rothe Verlag 1960, S. 14. Giesz zitiert aus »Ecce homo« (Kröner Ausgabe 375).

6 Theodor Lipps, Einfühlung und ästhetischer Genuß, in: Emil Utitz, Ästhetik. 2. Auflage, (= Quellenhandbücher der Philosophie) Berlin: Pan-Verlag 1924, S. 152–167, hier S. 152.

7 Siehe Carl Lange, Sinnesgenüsse und Kunstgenuss. Beiträge zu einer sensualistischen Kunstlehre. Herausgegeben von Hans Kurella, (= Grenzfragen des Nerven und Seelenlebens zwanzigstes Heft) Wiesbaden: Verlag von J. F. Bergmann 1903, S. 18–19: »Bei jedem starken Affecte findet sich – wohl eher als Begleit- wie als Folgeerscheinung – eine Aufhebung des Verhältnisses zur Umgebung, ein gewisser Grad von Bewusstlosigkeit und Unempfänglichkeit. Tritt dieser Zustand stark in den Vordergrund, während sich die übrigen Affekterscheinungen verhältnismässig wenig geltend machen, so bezeichnet man den Zustand als Ekstase. Wo sich z. B. eine von [19] religöser Stimmung erfüllte Seele selbstvergessen und hingebend versenkt in ein seliges Beschauen der, und eine alles absorbirende Freude an der Gottheit, wo also nur Stimmung herrscht, und für andere Affekterscheinungen kein Raum ist, da sind die Bedingungen dafür gegeben, dass die Ekstase in ihrer reinen Form auftritt.«

8 Dehio, Deutsche Kunstgeschichte und deutsche Geschichte (wie Anm. 1), S. 475.

9 Henry Thode, Schauen und Glauben. 1.–3. Tausend, Heidelberg 1903, S. 8: »Wackere, ideale Tendenzen verfolgende Männer fassen Volkskunst in dem Sinne auf, daß für das Volk Kunst gemacht werde: ästhetische Erziehung soll den ärmeren arbeitenden Klassen höhere Bildung und damit größere Freude am Leben verschaffen. Gewiß ein philanthropischer Zweck, der an sich zu billigen ist, soweit wirklich gute, echte Kunst dem Bauernhause, dem Arbeiterheim, der Schulstube gespendet wird. Geschieht dies aber auch? Wissen wir denn, möchte ich nur beiläufig fragen, was diesen Klassen wünschenswert und notwendig ist? Liegt hier nicht die Gefahr nahe, daß wir nur unsere Künstlerluxusgewohnheiten der einfachen Häuslichkeit jener aufpropfen?«

10 Ferdinand Avenarius, »Hausbildereien«, in: Der Kunstwart 19 (1905/1906), S. 525–530, hier S. 529.

11 Meier Spanier, »Einleitung«, in: ders., Zur Kunst. Ausgewählte Stücke moderner Prosa zur Kunstbetrachtung und zum Kunstgenuß hg. von M. Spanier, Leipzig und Berlin 1905 (= Aus deutscher Wissenschaft und Kunst), S. V–X, hier S. VI.

12 Paul Schultze-Naumburg, Das Studium und die Ziele der Malerei. Ein Vademecum für Studierende. Vermehrte Auflage des Studiengang des Modernen Malers, Leipzig 1900, S. 49. Siehe die Kunstdefinition bei Woldemar Alexander Krannhals, Kunst als Verkehrs- und Ausdruckstätigkeit. Diss.-Jena, Jena 1910, S. 11: »Kunst ist diejenige Tätigkeit des Menschen, welche bedeutungsvolle Dinge schafft, die in einer durch die beabsichtigte Gefühlswirkung bestimmten Form tatsächlich auf unser Gefühl wirken. Diese Wirkung ist ihr alleiniger Zweck.«

13 Oskar Bie, Reise um die Kunst, Berlin: Erich Reiss Verlag, 1910, S. 1–25 (Ästhetische Kultur), hier S. 5: »Erziehung zur Kunst ist ein Schlagwort geworden. Man hat die kunstlosen Klassen geradezu in Kunst gezüchtet, hat die Arbeiter durch Volkstheater und vorstädtische Ausstellungen und populäre Vorlesungen mit diesem Präparat reichlich geimpft, man hat nicht einmal die Kinder in Ruhe gelassen, hat ihre alten geliebten Bilderbücher durch Kunstwerke ersetzt, hat ihre ersten Dilettantismen zu einer Offenbarung gestempelt, hat ihren Unterricht von aller Unanschaulichkeit zu befreien versucht, hat sogar Kinderkonzerte geschaffen.« Siehe auch – kritisch fragend – das Zitat von Thode in Anm. 9.

14 Richard Muther, »Ästhetische Cultur«, in: Richard Muther, Studien und Kritiken. Band 2: 1901. 5. Auflage. Wien: Wiener Verlag, o. J. (1901), S. 1–23, hier S. 5.

15 Theodor Lipps, »Einfühlung und ästhetischer Genuß«, in: Emil Utitz, Ästhetik. 2. Auflage, (= Quellenhandbücher der Philosophie) Berlin: Pan-Verlag, 1924, S. 152–167, hier S. 152: »Es gibt drei Arten, genauer gesagt, drei Richtungen des Genusses. Ich genieße das eine Mal einen von mir unterschiedenen dinglichen oder sinnlichen Gegenstand, zum Beispiel: den Geschmack einer Frucht. Die zweite Möglichkeit ist die: Ich genieße mich selbst, zum Beispiel: meine Kraft oder meine Geschicklichkeit. Ich fühle mich etwa stolz in Hinblick auf eine That, in der ich solche Kraft oder Geschicklichkeit an den Tag gelegt habe. Zwischen diesen beiden Möglichkeiten aber steht, beide in eigenartiger Weise verbindend, die dritte: Ich genieße mich selbst in einem von mir unterschiedenen sinnlichen Gegenstand. Dieser Art ist der ästhetische Genuß. Er ist objektivierter Selbstgenuß.« Auch Theodor Lipps, »Ästhetik«, in: Systematische Philosophie von W. Dilthey, A. Riehl, W. Wundt, W. Ostwald, H. Ebbinghaus, R. Eucken, Fr. Paulsen, W. Münch, Th. Lipps, (= Die Kultur der Gegenwart 1, 6)

Berlin und Leipzig: Druck und Verlag von B. G. Teubner, 1907, S. 349–388, hier S. 369. Kritik bei August Döring, »Über Einfühlung«, in: Zeitschrift für Ästhetik und allgemeine Kunstwissenschaft 7 (1912), S. 568–577, hier S. 575–577.

16 Leo Bruhns, Die Meisterwerke. Eine Kunstgeschichte für das Deutsche Volk. Band 5. Die italienische Renaissance. Mit 136 Bildern, Leipzig: Verlag von E. A. Seemann 1928, S. 200.

17 Theodor A. Meyer, Die Persönlichkeit des Künstlers im Kunstwerk und ihre ästhetische Bedeutung, in: Zeitschrift für Ästhetik und allgemeine Kunstwissenschaft 9 (1914), S. 47–65, hier S. 54. Götzen der Jugend sind, nach Max Weber, die »Persönlichkeit« und das »Erleben«, siehe Max Weber, Wissenschaft als Beruf (1919), in: Max Weber, Gesammelte Aufsätze zur Wissenschaftslehre, Tübingen: Verlag von J. C. B. Mohr (Paul Siebeck) 1922, S. 524–555, hier S. 533.

18 Adolf Lasson, Stilvoll. Eine Studie, in: Preußische Jahrbücher 66 (1890), S. 315–344, hier S. 323–324. Siehe etwa Karl von Hase, Erinnerungen an Italien in Briefen an die künftige Geliebte. Zweiter Abdruck. Leipzig: Druck und Verlag von Breitkopf und Härtel, 1891, S. 186: »Ich kenne daher nur eine Rede von Kunstwerken, die der Mühe wertt ist, nämlich eine solche, welche im Angesichte des Werkes oder einer genauen Copie Dasjenige im Gemüthe des Beschauenden entwickelt, was in dem Künstler selbst vorging, als es sein Werk erfand und darstellte, oder auch im Verhältnisse des Einzelnen zu dem Ganzen, also in kunstgeschichtlicher Hinsicht, welche die Stellung des Künstlers und seines Werkes zu seiner künstlerischen Vor- und Nachwelt darthut.« Auch Max Sauerlandt, Werkformen deutscher Kunst. 1.–15. Tausend. Königstein im Taunus & Leipzig: Karl Robert Langewiesche Verlag, 1926, S. 10: »Gerade weil sich alle Welt so hartnäckig gegen diese Einsicht stemmt, kann es gar nicht oft und deutlich genug ausgesprochen werden, daß ein Nachdenken der Kunstgedanken der Künstler, vollzöge er sich auch ganz im Unterbewußtsein des mitschwingenden Gefühls, Vorbedingung künstlerischen Genusses ist.« Siehe dagegen Max Scheler, »Vorbilder und Führer«, in: Max Scheler, Schriften aus dem Nachlass. Band 1: Zur Ethik und Erkenntnislehre. Zweite, durchgesehene und erweiterte Auflage mit einem Anhang herausgegeben von Maria Scheler, Berlin: Francke Verlag, 1957, S. 255–344 (Der Künstler – ein Schöpfer), hier S. 330: »Das Kunstwerk drückt nicht ein Gefühl oder eine Anschauung im Künstler aus. Es ist eine sicht- und fühlbare Schöpfung, und je weniger es erinnert an das Leben des Künstlers, je mehr es sich von der Nabelschnur befreit hat seines Werdens, je mehr es als ein Gebilde Gottes erscheint, desto höher steht es.«

19 Richard Muther, Arnold Böcklin, zum 70. Geburtstag, in: Richard Muther, Studien und Kritiken. Band 1: 1900. 5. Auflage. Wien: Wiener Verlag, o. J. (1901), S. 140–157, hier S. 140–141: »So kam man dazu, der Kunst jeder Zeit ihr Recht zu geben und die grossen Kunstwerke als Aeusserungen grosser Individualitäten zu fassen, aus deren Geist sie [141] mit elementarer Naturgewalt hervorsprudeln. Der Persönlichkeitscultus trat an die Stelle ästhetischer Abstraction. Rembrandt, die Regellosigkeit, verdrängte Rafael. Je schroffer, je eigenartiger ein Künstler seine Persönlichkeit zeigte, desto lieber hatten wir ihn. Um Botticelli, Carlo Crivelli und Grünewald scharten sich andächtige Gemeinden.«

20 Edgar Zilsel, Die Geniereligion. Ein kritischer Versuch über das moderne Persönlichkeitsideal, mit einer historischen Begründung. Herausgegeben und eingeleitet von Johann Dvorak, (= suhrkamp taschenbuch wissenschaft 791) Frankfurt am Main: Suhrkamp Verlag, 1990, S. 151.

21 Heinrich Pudor, Laokoon. Kunsttheoretische Essays. Leipzig: Hermann Seelmann Nachfolger 1902, S. 141–148 (Philologisches Kunststudium?), hier S. 143: »Der Doktrinarismus, der das formale Prinzip vergöttert, hat auch die Kunsthistorik entgeistigt und zu einer Buchstabenwissenschaft gemacht. Die Ausnahme, welche Jakob Burckhardts Kultur der Renaissance darstellt, bestätigt die Regel. Die trockenen Pedanten aber haben auf diesem Gebiete wie Refrigeratoren gewirkt; man fühlt sich in die Glacialperiode versetzt, wenn man ihren Explanationen folgt. […] Warum will man bei den Kunstwerken nur die formale Seite studieren? Ist etwa die Kunst nicht angebetet worden zu allen Zeiten deshalb, weil sie alles, was göttlich im Menschen ist, zur Darstellung bringt? Nicht der Leib aber, sondern die Seele, die fühlt, ist das Göttliche im Menschen. Fast muss der Kunsthistoriker heute fürchten, unwissenschaftlich zu werden, wenn er von Begeisterung erfasst wird, Phantasie zeigt und Empfindungswärme beibringt und die Kunstwerke solchergestalt betrachtet.«

22 Walter Böckelmann, Die Grundbegriffe der Kunstbetrachtung bei Wölfflin und Dvořák. Inaugural-Dissertation genehmigt von der philosophisch-historischen Abteilung der Philosophischen Fakultät der Universität Leipzig, Dresden: Druck und Verlag Buchdruckerei der Wilhelm und Bertha v. Baensch Stiftung 1938, S. 13: »Wölfflin und Dvořák glauben, wenn sie sich dem Banne jenes Schemas fügen, diejenige Erkenntnishaltung zum Kunstwerk zu gewinnen, die allein sichere und bestimmte Erkenntnisse verbürgen kann. Was geschieht? Die Forscher bilden einen Untersuchungsgegenstand in der Weise heraus, daß sie das Kunstwerk so weit von sich abrücken, bis vom Standort des reinen, selbstlosen Beobachters aus ein Gebilde rein sachlicher Art gedacht und abgelöst untersucht werden kann. Das lebendige Menschtum zieht sich aus dem Erkenntnisgefüge zurück und verharrt jenseits. Dieser Schritt bedeutet aber in Wahrheit, daß unseren Forschern das Kunstwerk gar nicht mehr gegeben ist und somit auch nicht zur Untersuchung bereit steht. Denn alles, was in jenem Objektivierungsprozeß aus der Kunstbetrachtung abgeschieden wurde, die Fülle seelischer Regungen und qualitativer Tönungen, ist beileibe nicht eine untergeordnete, ›bloß subjektive Zutat‹ zu einem ›eigentlichen objektiven Kerngehalt‹ im Kunstwerk, sondern notwendiger Bestand jedes gegebenen künstlerischen Sachverhalts. Das Kunstwerk ist überhaupt nur da als ein mir persönlich Gegebenes, als ein mit einem besonderen Gefühlsleben Durchdrungenes. Was für alles wirklich Gegebene gilt, das gilt auch für das Kunstwerk: ›Daß es mich beansprucht, das gerade macht seinen ‚Sinn' aus.‹«

23 Johannes Richter, Die Entwicklung des kunsterzieherischen Gedankens als Kulturproblem der Gegenwart nach Hauptgesichtspunkten dargestellt. Inaugural-Dissertation zur Erlangung der philosophischen Doktorwürde der philosophischen Fakultät der Universität Leipzig vorgelegt von Johannes Richter aus Dresden, Leipzig: Quelle & Meyer 1909, S. 121.

24 Ferdinand Avenarius, Michelangelo der Bildhauer, in: Der Kunstwart und Kulturwart 27 (1914), S. 286–290, hier S. 289.
25 Geo Hunold, Renaissance. Zeiten und Künstler, Berlin: Carl P. Chryselius'scher Verlag (Chryselius & Schulz) 1924, Vorbemerkung (ohne Seitenzählung).
26 Theodor Gsell-Fels, Rom und Mittel-Italien. Neue bis Ende 1871 ergänzte Ausgabe. Erster Band: Mittel-Italien und die römische Campagna. Mit 5 Karten, 6 Plänen von L. Ravenstein. 6 Ansichten in Stahlstich von Plato Ahrens und 19 Ansichten in Holzschnitt, (= Meyers Reisebücher) Hildburghausen: Bibliographisches Institut 1872, S. CIII.
27 Fritz Knapp, Michelangelo. Mit 102 Tafeln in Farbendruck, Kupferdruck und Mattautotypie und 44 Abbildungen im Text, München: Verlegt bei F. Bruckmann 1923, 7. Siehe Emil Utitz, Der Charakter des Künstlers, in: Zweiter Kongress für Ästhetik und allgemeine Kunstwissenschaft, Berlin 16.–18. Oktober 1924. Bericht herausgegeben vom Arbeitsausschuss, (= Zeitschrift für Ästhetik und allgemeine Kunstwissenschaft 19) Stuttgart: Verlag von Ferdinand Enke 1925, S. 130–153, hier S. 131.
28 Eine Formulierung, die ich bei Ludwig Curtius finde, der die klarste Ausprägung des »Massenmenschentums« »in der homogenen amerikanischen Demokratie und dem Gott Masse des neuen russischen Staats« auszumachen meint; siehe Ludwig Curtius, Die antike Kunst und der moderne Humanismus. Vortrag gehalten auf der 20. Jahresversammlung des Vereins der Freund des humanistischen Gymnasiums am 2. xii. 1926 zu Berlin, Berlin: Weidmannsche Buchhandlung 1927, S. 20.
29 Bie, Reise um die Kunst (wie Anm. 13) sowie die kritische Position von Thode, Schauen und Glauben (wie Anm. 9).
30 Eine Auflistung der empfehlenswerten billigen Bilderveröffentlichungen bei Ferdinand Avenarius, Kunstblätter und Bilderwerke, in: Der Kunstwart 16 (1902/1903), S. 218–228. Siehe auch Leopold Julius Klotz, Über Wandschmuck, in: Joseph August Lux und Max Warnatsch, Die Stadtwohnung. Wie man sie sich praktisch, schön und preiswert einrichtet und gut erhält. Ein praktischer Ratgeber für alle, die sich in der Großstadt behaglich einrichten wollen, Charlottenburg: Schillerbuchhandlung. Max Teschner Verlag für angewandte Kunst 1910, S. 197–199, hier S. 197–198. Auch Karl Ulrich Syndram, Kulturpublizistik und nationales Selbstverständnis. Untersuchungen zur Kunst und Kulturpolitik in den Rundschauzeitschriften des Deutschen Kaiserreichs (1871–1914), (= Kunst, Kultur und Politik im Deutschen Kaiserreich 9) Berlin: Gebr. Mann Verlag 1989, S. 87–88. Zu den Farbreproduktionen des Verlages E. A. Seemann: Alfred Langer, Kunstliteratur und Reproduktion. 125 Jahre Seemann Verlag im Dienste der Erforschung und Verbreitung der Kunst, Leipzig: VEB E. A. Seemann Verlag 1983, S. S. 77–89.
31 Siehe zum Kunstwart Theodor Heuss, Erinnerungen 1905–1933, 4. Auflage, Tübingen: Rainer Wunderlich Verlag Hermann Leins 1963, S. 21–22.
32 Siehe Syndram, Kulturpublizistik und nationales Selbstverständnis (wie Anm. 30), S. 87–88: »Ein Schwerpunkt der Kunstwart-Aktivitäten lag in der Verbreitung von Bild-Reproduktionen, die im anschaulichen Beispiel, ›gute Kunst ins Volk bringen‹ sollten. Den ›Meisterbildern‹ (1900) waren 1901, beginnend mit Arnold Böcklin, die ›Künstler-Mappen‹ gefolgt. Zu den vielfältigsten Gelegenheiten bot der Kunstwart in photomechanischer Reproduktion Kunstdrucke für das bürgerliche Heim an, von den ›Konfirmationsscheinen‹ zu 20 Pfg. mit ›gediegenen‹ religiösen Motiven bis zu [88] den ›Vorzugsdrucken‹, die von 1,- bis 18,- Mark kosteten.«
33 Hans Weigert, Die heutigen Aufgaben der Kunstwissenschaft, (= Kunstwissenschaftliche Studien Band 17) Berlin: Deutscher Kunstverlag 1935, S. 11.
34 Richard Hamann, Der Impressionismus in Leben und Kunst. Mit 16 Abbildungen und zahlreichen Notenbeispielen, Köln: Im Verlag der M. Dumont-Schaubergschen Buchhandlung 1907, S. 138.
35 Ebenda, S. 141.
36 Ebenda, S. 142.
37 Ferdinand Avenarius, Unsere Sache, in: Der Kunstwart (1895/96), S. 1–3, hier S. 1–2.
38 Alfred Lichtwark, Übungen in der Betrachtung von Kunstwerken. Nach Versuchen mit einer Schulklasse herausgegeben von der Lehrervereinigung zur Pflege der künstlerischen Bildung. 11.-14. Auflage. Mit 16 Abbildungen, Berlin: Verlag von Bruno Cassirer 1918. Herman Riegel, Die Grabstätten der Mediceer zu S. Lorenzo in Florenz, besonders die Kapelle Michelangelo's, in: Herman Riegel, Beiträge zur Kunstgeschichte Italiens. Mit 40 Abbildungen auf 38 Tafeln, Dresden: Druck und Verlag von Wilhelm Hoffmann Kunstanstalt auf Aktien 1898, S. 124–142, hier S. 133: »Aus Abbildungen und Abgüssen sind diese Werke allen Kunstfreunden bekannt und geläufig, allein welch' ein Unterschied ist es, wenn man die Originale in Marmor an der ihnen von Besteller und Künstler gegebenen Stelle, in angemessener Umgebung mit eigenen Augen sieht!« Auf Florenz bezogen Georg Lichey, Italien und Wir. Eine Italienreise, Dresden: Carl Reissner-Verlag 1927, S. 32: »Teils aus Abhandlungen, teils aus Reproduktionen kannte ich sie alle, jene Benozzo Gozzolis, Filippino Lippis und Girlandaios, jene Botticellis und Raffaels und was der Namen mehr sind.«
39 Max Dvořák, Die Denkmäler der deutschen Kunst. Vortrag gehalten von Max Dvořák an dem zu Ehren des deutschen Vereins für Kunstwissenschaft veranstalteten Festabend der Gesellschaft der Kunstfreunde in Wien, in: Vom deutschen Verein für Kunstwissenschaft, Berlin: Druck von Georg Reimer 1913, S. 1–7, hier S. 6. Dort natürlich negativ gekennzeichnet.

KONVERGENZEN UND DIVERGENZEN ZWISCHEN KUNSTGESCHICHTE UND KUNSTPÄDAGOGIK HEUTE

Claudia Hattendorff

Kunstgeschichte und Kunstpädagogik im deutschsprachigen Raum haben schon in fernerer Vergangenheit Berührungspunkte aufgewiesen, und zwar sowohl in konzeptioneller wie in institutioneller Hinsicht. In einem weiten historischen Horizont lassen sich gedankliche Bezüge zwischen Winckelmanns Sicht auf die antike griechische Kunst und Gesellschaft und Friedrich Schillers Konzeption der ästhetischen Erziehung konstatieren, da beide mit der Vorstellung eines ganzheitlichen Menschenbildes operieren, das einer einseitigen, auf Rationalität und Fortschritt abgezweckten Ausbildung der Fähigkeiten des Menschen entgegensteht.[1] Neben einer solchen gedanklichen Nähe zwischen frühen Ideen einer Bildung durch Kunst und frühen Beispielen einer Entwicklungsgeschichte der Kunst gab es schon seit der Zeit um 1800 auch konkrete institutionelle Verflechtungen. Der ausgebildete Maler Johann Dominico Fiorillo hatte an der Universität Göttingen das Amt des akademischen Zeichenlehrers und das eines Kunstgeschichte lehrenden Professors inne.[2] Auf einer anderen Ebene des Institutionellen lag die Verknüpfung von Kunstgeschichte und Kunstpädagogik im Falle des Architektur- und Kunsthistoriker Alois Hirt. Zwar war er anders als Fiorillo kein Praktiker der Kunst, doch war er im Auftrag von Wilhelm von Humboldt für das Konzept einer Reform des Zeichenunterrichtes im Rahmen der Neuordnung des preußischen Schulwesens verantwortlich, in dem das Zeichnen zu einem gleichberechtigten und obligatorischen Lehrgegenstand an allen preußischen Schulen werden sollte.[3]
Solche Momente der Berührung von Kunstpädagogik und Kunstgeschichte waren übrigens nicht auf den deutschsprachigen Raum beschränkt. Der französische Politiker und Kunsthistoriker Léon de Laborde, der unter anderem eine

Geschichte der französischen Kunst im 16. Jahrhundert verfasst hatte, veröffentlichte 1856 eine Schrift, die sich dem Zeichnen widmete und in der der Autor forderte, dass dieses als gleichberechtigtes Unterrichtsfach neben dem Schreiben in den Elementarunterricht aufgenommen werden müsse, um den Intellekt zu schulen, die Erkenntnis zu befördern und den Geschmack zu bilden.[4] Und der Brite John Ruskin verfolgte zur gleichen Zeit mit seinen kunsthistorischen und kunstkritischen Schriften sowie seinem praktischen künstlerischen Tun grundsätzlich kunstpädagogische Absichten, da es ihm um eine Geschmackserziehung ging, die in gesellschaftliche Veränderungen einmünden sollte.[5]

Die Geschichte des Faches Kunstgeschichte hält allerdings schon für die Zeit um 1840 ein unabweisbares Indiz dafür bereit, dass dieser gemeinsame Horizont von Kunstgeschichte und Kunstpädagogik wieder aufgekündigt werden sollte. Von seiner Berliner Studienzeit wusste Jacob Burckhardt zu berichten, dass er entsetzt aus den Vorlesungen Schellings geflohen sei: »Ich dachte jeden Augenblick, es müßte irgendein Ungetüm von asiatischem Gott auf zwölf Beinen dahergewatschelt kommen und sich mit zwölf Armen sechs Hüte von sechs Köpfen nehmen.«[6] Man hat darauf hingewiesen, dass dies ein Schlüsselereignis für das Auseinandertreten von philosophischer Spekulation und historischem Positivismus gewesen sei und damit – so kann man anfügen – auch für ein Auseinandertreten des idealistischen Entwurfs einer Bildung durch Kunst und der Idee von Kunst als einem Gegenstand empirischer, kunsthistorischer Forschung.[7]

Die Disziplinen Kunstgeschichte und Kunstpädagogik haben in Deutschland also getrennte Entwicklungen genommen. Dies ist der Hintergrund, vor dem man aus dem disziplinären Blickwinkel der Kunstgeschichte feststellen muss, dass der Sachwalter einer Verbindung von Kunst und Bildung, die Kunstpädagogik, zumindest nach meiner Lektüre und Erfahrung, nur ein mildes Interesse an unserem Fach jenseits von bewährten und mitunter überholten Inhalten und Methoden hat. Gehen wir also davon aus, dass das sich in der Sektion »Kunstgeschichte und Bildung« des Würzburger Kunsthistorikertages artikulierende Interesse an einer vermehrten Partizipation der Kunstgeschichte an Bildungsprozessen ein einseitiges sein dürfte.

Und in der Tat: Nur bedingt sehen kunstpädagogische beziehungsweise kunstdidaktische Modelle in Deutschland der Zeit nach dem Zweiten Weltkrieg, um die es im Folgenden ausschließlich gehen soll, Kontaktstellen zur Kunstgeschichte vor. Dass dies so ist, hat mit den Rahmenbedingungen zu tun, unter denen die Kunstpädagogik jenseits aller Schulbildungen im Einzelnen und durchaus eigenlogisch operiert. Kunstpädagogisches Denken und Handeln zielt auf einen unmittelbaren und kunstanalogen Erfahrungsgewinn im Kontext lebensweltlicher Bezüge (das heißt in einem vor-wissenschaftlichen Erlebnisraum). Das Resultat ist, dass zwei Faktoren sich gegenseitig stärken, eine nicht zuvorderst rational zu erschließende Größe Kunst und die Tatsache, dass diese Größe vorwiegend im praktischen Tun erlebt wird. Die Kunstpädagogik wird mit anderen Worten von einer fast hermetisch zu nennenden Denkfigur beherrscht: Kunst ist ihrem Wesen nach unerklärlich und ist auch in einer Vermittlungssituation daher nur im praktisch-künstlerischen Tun oder zumindest in einer kunstanalogen Rezeptionsweise erfahrbar; weil Kunst künstlerisch oder quasi künstlerisch erfahren wird, ist sie der Sphäre gedanklicher Distanzierung entzogen und bleibt also unerklärbar. Die beschriebene Denkfigur zeitigt noch ein weiteres Resultat: Die Gegenwartskunst wird notwendig zu einer Leitidee der Kunstpädagogik, da das eigene künstlerische oder kunstanaloge Tun sich ihr – und nicht historischen Ausprägungen von Kunst – verbunden fühlt.

Das heißt: Kunstgeschichte und Kunstpädagogik stehen sich unter Bedingungen gegenüber, die für einen Dialog nicht die günstigsten sind. Historische Ausprägungen von Kunst, Methoden, die einer historischen Befragung von Gegenständen dienen, und eine historische Reflexion des Kunstbegriffs, all das, was zentrale Interessen, Gegenstände und Instrumentarien der Kunstgeschichte sind, stoßen bei der Kunstpädagogik nur bedingt auf Gegenliebe und Interesse.

Diesen Befund gilt es zu detaillieren und auszuwerten im Hinblick auf die Möglichkeiten, die sich einem Dialog von Kunstgeschichte und Kunstpädagogik trotz allem bieten. Dass es einen solchen Dialog geben sollte, darauf hat Barbara Welzel schon vor einigen Jahren hingewiesen, als sie einerseits die »fachwissenschaftlich oft nicht mehr begründbare eigene Version der Beschäftigung mit Kunst« innerhalb der Kunstpädagogik, andererseits die Unsichtbarkeit der Kunstgeschichte in bildungspolitischen Debatten kritisierte.[8] Was die Voraussetzungen für ein solches Gespräch angeht, so kann es einen immerhin optimistisch stimmen, dass sich die Kunstpädagogik in Deutschland heute auch stark in ihrem Verhältnis zu ihren Bezugswissenschaften definiert[9] und dass sich das Fach, wie Georg Peez, Autor einer rezenten »Einführung in die Kunstpädagogik« 2005 bemerkte, in einer »Phase des Umbruchs [befindet], in der Kunstpädagogik neu entworfen wird.«[10]

Im Folgenden werde ich die Bedingungen, unter denen ein zielführendes Gespräch von Kunstgeschichte und Kunstpädagogik stattfinden könnte, auf einer allgemeinen Ebene diskutieren und mich dabei zweifelsohne der Parteilichkeit für die Kunstgeschichte schuldig machen, desgleichen vieler Generalisierungen. Schon aufgrund des zur Verfügung stehenden beschränkten Raumes halte ich es allerdings für angemessen, mich auf eine Auseinandersetzung mit kunstpädagogischen beziehungsweise kunstdidaktischen Modellbildungen zu beschränken. Die auch notwendige Auseinandersetzung mit konkreten Erscheinungsformen der Kunstpädagogik in Gestalt von Lehrplänen oder Unterrichtsgestaltungen muss zu gegebener Zeit an anderem Ort stattfinden.

Bis heute gilt, dass kunstpädagogische Theorie und Praxis von einer Vorstellung durchdrungen sind: dass nämlich die Kombination von Bildung und Kunst helfen kann, die Wunden zu heilen, die die Moderne geschlagen hat. Wie schon 1909 Johannes Richter, der erste Historiograph der Kunsterziehungsbewegung, feststellte, geht es der Kunstpädagogik um »die Verdrängung des bloß gewußten Wissens […] durch das angeschaute und gefühlte Wissen«.[11] Die Kunstpädagogik macht sich also zur Aufgabe, einer einseitigen Ausbildung allein intellektueller Fähigkeiten beim Menschen entgegenzuwirken, um auf diese Weise Fähigkeiten, die mit der Produktion und Rezeption von Kunst verbunden werden – Ganzheitlichkeit, Kreativität, Humanität –, in der Gesellschaft zum Tragen zu bringen. Dies mündet in die konsensuale Feststellung, dass es in ihrem Kontext um »ästhetische Erfahrung« gehe, das heißt unter anderem um den Genuss von Wahrnehmungen, um das Erleben von Subjektivität und Individualität, um die Anregung der Phantasie und um eigene ästhetische Produktion, aber auch um die Reflexion der eigenen Wahrnehmung im Zusammenhang mit kulturellen und künstlerischen Produkten anderer.[12]

Jenseits dieses Konsenses scheint es ausgemacht, dass die aktuelle Fachentwicklung in Deutschland von Kontroversen und Aufbrüchen bestimmt ist. Drei Denkschulen dominieren dem schon erwähnten Georg Peez zufolge dabei die Diskussion, die sich durch »Bildorientierung«, »Kunstorientierung« beziehungsweise durch »Subjektorientierung« auszeichneten.[13] Ich schließe mich Peez' Skizze der aktuellen Debatten innerhalb der deutschen Kunstpädagogik an und versuche, die Inhalte der von ihm erwähnten Modelle kurz zu umreißen.

Der »bildorientierten« Kunstpädagogik geht es um die Ausbildung einer generellen Bildkompetenz. Das heißt: Diese Schule der Kunstpädagogik orientiert sich nicht nur an Kunstbildern, sondern an Bildern generell und möchte mittels einer Befähigung zur Orientierung in der Bilderflut der modernen Mediengesellschaft die Notwendigkeit eines Schulfaches Kunst generell begründen. Sie baut dabei auf dem um 1970 entwickelten Modell der »Visuellen Kommunikation« und dem von Gunter Otto entwickelten Konzept der »Ästhetischen Erziehung« auf. Bei letzterem geht um das »Lehren von ästhetischem Verhalten«, um eine Form »sinnlicher Praxis, in der Erkenntnis gewonnen wird« (als gleichberechtigte Form neben kognitiv-rationaler Erkenntnis). Grundlegend dafür ist Ottos Modell von »Perzeptbildung und Kontextanalyse«, die »auf der Grundlage von Wahrnehmung in den Prozeduren des Sammelns, Sprechens und Machens praktisch gewendet und in Beispielen des Bildermachens und Bilderbenutzens als Auslegung von Bildern in Bilder« gedacht werden.[14]

Als Gegenentwurf zu einer solchen bildorientierten Kunstpädagogik ist die »Künstlerische Bildung« konzipiert, die sich dezidiert an der (zeitgenössischen) Kunst, nicht an Bildern generell, orientiert und in Anlehnung an einen im Beuys'schen Sinne erweiterten Kunstbegriff darauf abzielt, eine »Lebenskunst« oder auch eine »Ästhetik der Existenz« zu befördern. Innerhalb kunstnaher kunstpädagogischer Projekte soll es ausdrücklich nicht um ein Verstehen von Kunst und von Bildern unter planbaren, erzieherischen Gesichtspunkten gehen, sondern um eine selbstbestimmte Bildung im Rahmen vielfach vernetzter ästhetischer Erfahrungsprozesse.[15] Solche Erfahrungs- oder Bildungsprozesse sind gedacht analog zu und in Auseinandersetzung mit einer Kunst, die »aus der Perspektive eines Autors neue Anschauungen der Wirklichkeit vorstellt, statt Klischeeformen in immer neuen Variationen zu präsentieren.«[16]

Die »subjektorientierte« Kunstpädagogik schließlich widmet sich zum einem unter dem Stichwort »Biografieren« der ästhetischen Bearbeitung der eigenen Lebensgeschichte, dies auch in Anlehnung an Verfahren vor allem der zeitgenössischen Kunst und mit Hilfe einer subjektiven Aneignung von Kunst oder von Bildern.[17] Unter dem Stichwort »Ästhetische Forschung« geht es zum anderen um einen kunstanalogen Umgang vor allem mit individuell angelegten und bedeutungsvollen Sammlungen. Dabei setzt die »Ästhetische Forschung« auf deutende Erkenntnis wie auf praktische Kreativität und vereint somit Aspekte der ästhetischen Erziehung mit künstlerischer Projektarbeit, die wiederum für die »Künstlerische Bildung« grundlegend ist.[18] Dies belegt vor allem eines: Es gibt Überschneidungen zwischen den aktuellen Denkschulen der deutschen Kunstpädagogik. Darüber hinaus wird an diesen Konzepten aber auch intern Kritik laut, eine Kritik, die im Falle der kunst- und der subjektorientierten Kunstpädagogik das Fehlen klar formulierter Lernziele und den Verzicht auf Orientierungswissen moniert.[19] Kritik an der »Ästhetischen Erziehung« wiederum äußerte Gert Selle, der dieser Wirkungslosigkeit attestierte.[20]

Versucht man vor dem Hintergrund des eben Gesagten die Divergenzen von Kunstgeschichte und Kunstpädagogik näher und aktuell zu bestimmen, so gilt es erst einmal Ungleichzeitigkeiten in der Entwicklung der jeweiligen Fachdiskurse zu konstatieren. Die »Visuelle Kommunikation« der 1970er Jahre etwa orientierte sich an einer zeitgenössischen Kunstpraxis und verabschiedete sich gleichzeitig von traditioneller Kunst zugunsten von Bildern allgemein, bevor die aktuelle Kunstproduktion zum Gegenstand der Kunstgeschichte wurde und bevor die

Kunstgeschichte Versuche unternahm, zu einer generellen Bildwissenschaft aufzuwachsen. Gleichzeitig kommt es heute – vor allem im Rahmen der »Künstlerischen Bildung« – zu einer Re-Auratisierung der Kunst zu einer Zeit, in der die Kunstgeschichte den Kunstbegriff stark relativiert und nun ihrerseits den forschenden Blick auf Bilder insgesamt lenkt.

Um die Möglichkeiten zu einem produktiven Gespräch zwischen Kunstgeschichte und Kunstpädagogik jenseits solch fehlender Taktung zwischen den Disziplinen auszuloten, ist es aus meiner Sicht sinnvoll, sich drei inhaltlichen Feldern zuzuwenden, auf denen die Divergenzen zwischen Kunstpädagogik und Kunstgeschichte grundsätzlich deutlich werden. Diese Felder überlappen sich und sind für alle der hier kurz vorgestellten Denkschulen der Kunstpädagogik relevant, allerdings sicherlich in unterschiedlichem Maße und in unterschiedlicher Weise.

1. Die Kunstpädagogik operiert in der Regel mit einem normativen Kunstbegriff. Zwar wird der Gedanke mitunter zugelassen, dass sich der Begriff von dem, was Kunst sei, in Abhängigkeit von den Zeitumständen formiert,[21] doch gewinnt regelmäßig die Vorstellung Oberhand, dass es eine autonome, ewige Qualität »Kunst« jenseits geschichtlicher Entwicklungen gebe.[22] So wie die historische Bedingtheit dieser Vorstellung von Kunstautonomie nicht reflektiert wird, so wird auch die Zuweisung weiterer Qualitäten an die Kunst nicht daraufhin befragt, inwieweit hier eine historische Ausprägung von Kunst, beispielsweise die zeitgenössische Kunst, Pate gestanden hat, etwa wenn Kunst grundsätzlich ein kritisches Potential zugesprochen wird.[23]

2. Es hängt mit dieser Annahme einer autonomen, ewigen Qualität »Kunst« zusammen, dass das Ziel kunstpädagogischer Kunstbetrachtung das Kunsturteil beziehungsweise die Befähigung zum Kunsturteil ist, das heißt die Befähigung zur Einsicht in die ewigen Qualitäten der Kunst,[24] nicht die distanzierende Erkenntnis historischer Zusammenhänge.

Und 3.: Dies wiederum korrespondiert mit der grundsätzlichen Subjektorientierung der Kunstpädagogik, die das individuelle Kunsterleben eines aktuellen Betrachters in den Blick nimmt, die eine Bestätigung durch den offenen, performativen Charakter zeitgenössischer Kunst erfährt und der angesichts der modernen Bilderflut die Beziehung der Subjekte zu den Bildern entscheidend scheint.[25]

Unter welchen Bedingungen können Kunstgeschichte einerseits und Kunstpädagogik und -didaktik andererseits, an denen sich eingedenk des eben Gesagten sicher auch die Grenzen von Interdisziplinarität gut studieren lassen, dennoch ins Gespräch kommen? Wo finden sich bei kunstpädagogischen und -didaktischen Konzepten konkrete Kontaktstellen zur Kunstgeschichte, und inwiefern sind solche partiellen Konvergenzen ausbaufähig? Schließlich: Welche Schlussfolgerungen gilt es realistischer Weise zu ziehen aus der Sicht einer Kunstgeschichte, die sich in Bildungsprozesse einbringen möchte?

Eine Blütenlese kunstpädagogischer Aneignungen kunsthistorischer Untersuchungsinstrumentarien und Fragestellungen (und um eine solche Blütenlese ohne Anspruch auf Vollständigkeit handelt es sich hier tatsächlich), eine solche Blütenlese also zeigt, dass die Kunstpädagogik mit Selbstverständlichkeit auf die Relevanz einer Anwendung von genuin kunsthistorischen Methoden sowie von Methoden verweist, die – wie die Rezeptionsästhetik – aus anderen Bereichen entlehnt, aber in der Kunstgeschichte seit längerem etabliert sind.[26] Es zeigt sich aber auch, dass diese Methodenrezeption natürlich dem Interessenshorizont der Kunstpädagogik eingepasst ist: So etwa wenn für eine aussichtsreiche Auseinandersetzung mit kunsthistorischer oder -wissenschaftlicher Methodik vor allem auf Strukturanalyse und Ikonik verwiesen wird.[27]

Besonders aussagekräftig für eine Abschätzung der Möglichkeiten zu einem produktiven Dialog zwischen den Fächern scheinen mir drei Bereiche, für die die Kunstgeschichte Methoden ausgebildet beziehungsweise adaptiert hat und die auch in kunstpädagogischem Schrifttum eine Rolle spielen können: Betrachter, Kontext und Funktion sowie Inhalt.

Was den Betrachter angeht, so führt die Subjektorientierung der Kunstpädagogik dazu, dass entgegen den Einsichten der Rezeptionsästhetik nicht konsequent zwischen historischem und aktuellem Betrachter geschieden wird. Stattdessen wird der jeweils aktuelle Betrachter als entscheidende Instanz eingesetzt,[28] wobei die Einsicht in die Offenheit von Interpretationen, die damit einhergeht, einen nützlichen Verweis auf die Relativität von Interpretationen allgemein darstellt. Zwei weitere Dinge entsprechen dieser Konzentration auf die Subjektivität des je aktuellen Betrachters: ein Bildbegriff, der die inneren Bilder eines jeden Betrachters mit umfasst,[29] und die Tatsache, dass Kunstwerke unter anderem im Rahmen des »Biografierens« parallel zu einer solchen Ausrichtung auf die Subjektivität des Betrachters als Zeugnisse der Psychobiographie des Künstlers verstanden werden.[30]

Historische Funktionen und Kontexte von Kunst und von Bildern nun werden als Faktoren in kunstpädagogischem Schrifttum zwar mitunter eingeführt,[31] aber auch hier wirkt die Subjektorientierung des Faches in dem Sinne, dass historische Kontexte hinter aktuellen Kontexten der Rezeption gedanklich ganz zurücktreten.[32] Gleichzeitig scheinen für die Vormoderne die ästhetische Funktion von Kunst über- und eine politische Funktion von Kunst (weil an die Kritikfähigkeit von Kunst gebunden gedacht) unterschätzt zu werden.[33]

Was schließlich den Inhalt angeht, so werden fraglose Defizite der Erwin Panofsky verpflichteten Methode der Inhaltsdeutung, etwa das Ausblenden der medialen Qualitäten von Kunst und Bildern, von einer kunstpädagogischen Kritik an der Ikonographie/Ikonologie berührt,[34] allerdings in Richtung einer ahistorischen Auseinandersetzung mit Kunst gewendet. Ein programmatisches Beispiel dafür liefert der Beitrag »Die Defizite der Ikonologie überwinden: die Kunst als Kunst erfahrbar machen« von Günther Regel aus dem Jahre 1999. Dieser Beitrag fordert die Integration einer »künstlerische[n] Anschauungsweise des Kunstwerks« in die drei von Panofsky vorgeschlagenen Stufen der Interpretation, das heißt Kunstwerke sollen entgegen einer Distanzierung in der historischen Befragung auch in ihrer psychischen Wirkung und ihrer künstlerischen Qualität erfahrbar gemacht werden.[35]

Nun hat die Panofsky'sche Methode ohnehin nur eine Chance bei derjenigen Kunstpädagogik, die Auslegen im Sinne der »Ästhetischen Erziehung« zulässt. Akzeptabel auch für neuere Strömungen der Kunstpädagogik ist zur Thematisierung inhaltlicher Aspekte von Kunst und von Bildern hingegen das Verfahren des »Mapping«, das sich gelegentlich auf Aby Warburgs Mnemosyne-Atlas beruft.[36] Dieser Verweis ist allerdings nur im allgemeinsten Sinne zu verstehen. Die Rahmenbedingungen, unter denen Warburg seine Bildkompilationen vorantrieb (Stichworte wären »Nachleben der Antike«, »Pathosformel«), spielen bei der kunstpädagogischen Adaption des Verfahrens keine Rolle. Hier geht es stattdessen entweder darum, eine Historizität unserer bildgesättigten Gegenwart zu postulieren, allerdings ohne dass der Transport historischer Gehalte mittels bildlicher Formulierungen in die Jetztzeit konkreten Befragungen und Abschätzungen unterzogen würde,[37] oder darum, assoziativ Sinnhorizonte für eine gegenwärtige Kunstproduktion auszuloten und dabei Anregungen und Material für eigene künstlerische Projekte zu gewinnen. Kunstwerke anderer sind in diesem Zusammenhang lediglich Dokument oder Anlass, obwohl nach eigener Aussage eine »Vertiefung« in das Kunstwerk geleistet werden soll.[38]

Dieses vielleicht ernüchternde Ergebnis einer kursorischen Durchsicht kunstpädagogischer Literatur im Hinblick auf Methodenbezüge zur Kunstgeschichte (das heißt ja eigentlich: im Hinblick auf gemeinsame Frageinteressen) ist im Lichte des zuvor Gesagten nicht wirklich überraschend; die interessante Frage lautet, wie damit umgehen? Ein Punkt ist für die Beantwortung dieser Frage dabei entscheidend: Es geht um einen Dialog zwischen den Fächern im Hinblick auf die Mitwirkung der Kunstgeschichte in Bildungskontexten (nicht darum, die Disziplinen Kunstpädagogik und Kunstgeschichte generell gegeneinander abzugleichen und auszuspielen).

Der schon mehrfach erwähnte Georg Peez führt in seiner »Einführung in die Kunstpädagogik« aus, dass das Fach an einem blinden Fleck leide: Kunst – und das heißt in diesem Zusammenhang ja Kunst im Sinne eines idealistischen Kunstbegriffs –, Kunst also und Vermittlung gälten der Kunstpädagogik letztlich als unvereinbar.[39] Zwar resultiert daraus auch ein Gefühl der Überlegenheit gegenüber der Disziplin Kunstgeschichte, die mit ihren historischen Erklärungsbemühungen den wahren Kern der Kunst nicht erfasse,[40] gleichzeitig aber relativiert die Kunstpädagogik damit ihr eigenes Selbstverständnis, nämlich Bildung mit und zur Kunst zu betreiben.[41] Rechtfertigungsdruck sieht sich die Kunstpädagogik zudem durch die Forderung nach klaren Bildungsstandards ausgesetzt, und sie muss gleichzeitig darum kämpfen, in Wahrnehmung ihres Bildungsauftrags nicht auf eine kompensatorische Funktion allein reduziert zu werden.

Diese zum Teil intrinsischen Probleme des Faches erfahren eine fühlbare Zuspitzung dadurch, dass Fragen der Differenz und eines Umgangs mit ihr sich in einer zunehmend von Pluralität geprägten Gesellschaft verstärkt stellen – und damit auch in Bildungszusammenhängen aller Art. Um eine Teilhabe aller an Bildung und Gesellschaft zu ermöglichen, müssen kulturelle Differenz und Identität thematisiert werden, was nur im Verein mit dem Erfahren historischer Tiefenräume und den damit einhergehenden Alteritätserfahrungen gelingen kann. Dass es um solcherart Differenzerfahrungen auch im Kunstunterricht gehen muss, ist zumindest auch von Teilen der Kunstpädagogik anerkannt,[42] auch dass der Kunstunterricht Orientierungswissen vermitteln muss.[43]

Um historische und kulturelle Differenz in Bezug auf Kunst und Bilder ernsthaft zu thematisieren, ist aber das Vorhandensein entsprechender Erkenntnisinteressen und -instrumentarien unabdingbar: Es kann nicht allein um einen jeweils aktuellen Rezipienten, es muss auch um einen historischen Betrachter gehen. »Kontexte« sind nicht nur Zusammenhänge heutiger Wahrnehmung, sondern auch historische und kulturell differente Zusammenhänge räumlicher und geistiger Zugänglichkeit. Es muss um historische Funktionen gehen, nicht zuletzt um solche neben der ästhetischen Funktion. Es geht schließlich darum, unterschiedliche Begriffe von Kunst und vom Bild in ihrer Historizität und kulturellen Relativität zu erkennen und Kunst wie Bilder nicht allein als Dokumente, sondern auch als eigenständige historische Agenten zu behandeln. Um kulturelle Differenz in

Vergangenheit und Gegenwart zu thematisieren, ist zudem eine Reflexion der Institutionen und Diskurse, in denen Kunst und Bilder figurieren, unabdingbar. Die Eigenlogik der Kunstpädagogik lässt solche Fragen und den Impuls zu ihrer seriösen Beantwortung nur bedingt aufkommen: Im Rahmen von Überlegungen und Konzepten zur »Ästhetischen Erziehung«, zur »Künstlerischen Bildung«, zum »Biografieren« oder zur »Ästhetischen Forschung« haben sie – meine Stichproben in kunstpädagogischem Schrifttum mögen Indiz dafür sein – schlicht zu wenig Raum und neigen zudem dazu, bei der Anwendung der genannten Modelle der Kunstpädagogik zu stören. Die Kunstgeschichte hingegen hat für solcherart Fragen Instrumentarien ausgebildet und vielfach erprobt oder ist dabei, entsprechende Instrumentarien zu entwickeln beziehungsweise deren Notwendigkeit zu diskutieren.

Was läge also näher als eine stärkere disziplinäre Arbeitsteilung gedanklicher und faktischer Art zwischen Kunstpädagogik und Kunstgeschichte, um Identität und Alterität in Bildungszusammenhängen zu thematisieren und auf diesem Wege das Fach Kunst zwischen Kompensationsansprüchen und Bildungsstandards zu stärken? Von einer wirklichen Arbeitsteilung würden beide Fächer profitieren: Ein Abgeben fachwissenschaftlicher Kompetenzen eröffnete der aktuellen deutschen Kunstpädagogik die Möglichkeit, sich als Disziplin in ihrer Eigenart und ihren pluralen Ansätzen weiter zu schärfen. Neben einer eindeutigen Zuständigkeit im Bereich der Bildung gewänne die Kunstgeschichte – statt eines geringgeschätzten Nachbarn, mit dem über den Verlauf des Grenzzaunes gestritten wird – mit der Kunstpädagogik ein klares Gegenüber, das angesichts der Herausforderungen, denen sich die Kunstgeschichte in einer globalen Mediengesellschaft gegenübersieht, durch seine Expertise in Fragen des Künstlerischen und seiner Vermittlung auch Partner sein könnte.

1 Ursula Franke, Artikel »Bildung/Erziehung, ästhetische«, in: Ästhetische Grundbegriffe, Stuttgart/Weimar 2010, S. 696–727, hier S. 706.
2 Wilhelm Waetzoldt, Deutsche Kunsthistoriker, 3., unveränderte Aufl. Berlin 1986, Bd. 1, S. 287–288.
3 Wolfgang Kemp, ... einen wahrhaft bildenden Zeichenunterricht überall einzuführen. Zeichnen und Zeichenunterricht der Laien 1500-1870. Ein Handbuch, Frankfurt am Main 1979, S. 192–193.
4 Ibid., S. 166, 168.
5 Ibid., S. 170, 172.
6 Zitiert nach Waetzoldt, Deutsche Kunsthistoriker (wie Anm. 2), Bd. 2, S. 183.
7 Hermann Bauer, Architektur als Kunst. Von der Größe der idealistischen Architektur-Ästhetik und ihrem Verfall, in: ders. und Lorenz Dittmann (Hg.), Kunstgeschichte und Kunsttheorie im 19. Jahrhundert (Probleme der Kunstwissenschaft 1), Berlin 1963, S. 133–171, hier S. 142.
8 Barbara Welzel, Kunstgeschichte und Lehrerbildung, in: Kunstchronik 58 (2005), H. 2, S. 79–82, hier S. 82.
9 Clemens Höxter, Rede zur Eröffnung des Bundeskongresses der Kunstpädagogik, in: Kunibert Bering (Hg.), Orientierung: Kunstpädagogik. Bundeskongress der Kunstpädagogik 22.-25. Oktober 2009, Oberhausen 2010, S. 17–19, hier S. 18; Georg Peez, Einführung in die Kunstpädagogik (Kohlhammer-Urban-Taschenbücher, Bd. 676), 3., völlig überarbeitete und aktualisierte Aufl. Stuttgart 2008, S. 161.
10 Georg Peez, Kunstpädagogik jetzt. Eine aktuelle Bestandsaufnahme: Bild – Kunst – Subjekt, in: Kunibert Bering und Rolf Niehoff (Hg.), Bilder – eine Herausforderung für die Bildung (Artificium, Bd. 20), Oberhausen 2005, S. 75–89, hier S. 75.
11 Johannes Richter, Die Entwicklung des kunsterzieherischen Gedankens, Leipzig 1909, S. 176.
12 Peez, Einführung in die Kunstpädagogik (wie Anm. 9), S. 27–28.
13 Peez, Kunstpädagogik jetzt (wie Anm. 10), S. 75–76.
14 Gunter Otto und Maria Otto, Auslegen: ästhetische Erziehung als Praxis des Auslegens in Bildern und des Auslegens von Bildern, Seelze 1987, S. 228–229.
15 Peez, Einführung in die Kunstpädagogik (wie Anm. 9), S. 71.
16 Carl-Peter Buschkühle, Lernziel Bild-Weisheit, in: Kunibert Bering (Hg.), Orientierung: Kunstpädagogik. Bundeskongress der Kunstpädagogik 22.-25. Oktober 2009, Oberhausen 2010, S. 171–177, S. 172.
17 Andrea Sabisch und Fritz Seydel, Biografieren, in: Kunst + Unterricht 2004, H. 280, S. 4–10, hier S. 6, 8-9.
18 Peez, Einführung in die Kunstpädagogik (wie Anm. 9), S. 77–78.
19 Ibid., S. 79–80; Hubert Sowa, In welchem Bezug zur Gesellschaft befindet sich die Kunstpädagogik heute – und wie muss sie sich für morgen orientieren?, in: Kunibert Bering (Hg.), Orientierung: Kunstpädagogik. Bundeskongress der Kunstpädagogik 22.-25. Oktober 2009, Oberhausen 2010, S. 153–170, hier S. 168–169; Kunibert Bering, Kunstpädagogik und Bildkultur, in: ibid., S. 283–294, hier S. 286.
20 Gert Selle, Ästhetische Erziehung oder Bildung in der zweiten Moderne? Über ein Kontinuitätsproblem didaktischen Denkens (Kunstpädagogische Positionen 3), 4. Aufl. Hamburg 2009, S. 7–8.

21 Peez, Einführung in die Kunstpädagogik (wie Anm. 9), S. 73, 75.
22 Siehe etwa Günther Regel, Die Defizite der Ikonologie überwinden: die Kunst als Kunst erfahrbar machen. Zum Spagat der »didaktischen Ikonologie« zwischen Kunst und Wissenschaft, in: Johannes Kirschenmann/Ellen Spickernagel/Gerd Steinmüller (Hg.), Ikonologie und Didaktik, Weimar 1999, S. 107–116, hier S. 108-109.
23 Siehe etwa Buschkühle, Lernziel Bild-Weisheit (wie Anm. 16), S. 172.
24 Siehe etwa Regel, Defizite der Ikonologie (wie Anm. 22), S. 111; Johannes Kirschenmann und Frank Schulz, Bilder erleben und verstehen. Einführung in die Kunstrezeption (Thema Kunst), Leipzig u.a. 1999, S. 62–63.
25 Regel, Defizite der Ikonologie (wie Anm. 22), S. 110–111; Otto/Otto, Auslegen (wie Anm. 14), S. 16.
26 Siehe etwa Peez, Einführung in die Kunstpädagogik (wie Anm. 9), S. 121; Kirschenmann/Schulz, Bilder erleben (wie Anm. 24).
27 Sowa, Bezug zur Gesellschaft (wie Anm. 19), S. 163.
28 Siehe etwa Otto/Otto, Auslegen (wie Anm. 14), S. 20–22, 29/34; Regel, Defizite der Ikonologie (wie Anm. 22), S. 110.
29 Siehe Kirschenmann/Schulz, Bilder erleben (wie Anm. 24), S. 4.
30 Peez, Einführung in die Kunstpädagogik (wie Anm. 9), S. 86–89; Sabisch/Seydel, Biografieren (wie Anm. 17), S. 8–9.
31 Otto/Otto, Auslegen (wie Anm. 14), S. 23; siehe aber Christiane Schmidt-Maiwald, Kunstwissenschaftliche Interpretationsmethoden und -ansätze für den Kunstunterricht, in: Kunst + Unterricht 2009, H. 334/335, S. 94–97, hier S. 96.
32 Siehe etwa Otto/Otto, Auslegen (wie Anm. 14), S. 83.
33 Siehe etwa Kirschenmann/Schulz, Bilder erleben (wie Anm. 24), S. 6–7.
34 Siehe Otto/Otto, Auslegen (wie Anm. 14), S. 14.
35 Regel, Defizite der Ikonologie (wie Anm. 22), S. 111–114.
36 Peez, Einführung in die Kunstpädagogik (wie Anm. 9), S. 110.
37 Siehe etwa Bering, Kunstpädagogik und Bildkultur (wie Anm. 19).
38 Siehe etwa Buschkühle, Lernziel Bild-Weisheit (wie Anm. 16), S. 176.
39 Peez, Einführung in die Kunstpädagogik (wie Anm. 9), S. 90, 122.
40 Ibid., S. 152.
41 Ibid., S. 122.
42 Johannes Bilstein, Kunstpädagogik in einer sich wandelnden Schule und Kultur, in: Kunibert Bering (Hg.), Orientierung: Kunstpädagogik. Bundeskongress der Kunstpädagogik 22.-25. Oktober 2009, Oberhausen 2010, S. 21–34, hier S. 29.
43 Bering, Kunstpädagogik und Bildkultur (wie Anm. 19), S. 286; Sowa, Bezug zur Gesellschaft (wie Anm. 19), S. 168–169.

HILFSWISSENSCHAFT ODER BILDUNGSFACH?
Überlegungen zur Rolle der Kunstgeschichte im Schulunterricht

Ludwig Tavernier

Es ist zweifellos unstrittig, dass die modernen Gesellschaften zur Bewältigung der großen Zukunftsaufgaben und Herausforderungen mehr Bildung benötigen.[1] Das betrifft insbesondere Europa. Dessen Vermögen sind nicht Naturschätze und Rohstoffe. Europas Kapital sind die Bildungseliten in Wissenschaft, Technik und Kunst. Die letztlich entscheidenden Einrichtungen zur Bildung dieser Eliten sind die Universitäten und Hochschulen,[2] vorher aber bereits und grundlegend die allgemeinbildenden Schulen. Sie prägen vom Kindesalter an die Entwicklung und Bildung junger Menschen in der Regel über einen Zeitraum von zehn Jahren, bis zum Hochschulzugang sogar zwölf oder 13 Jahre lang. Außer Frage stehen in diesem Zusammenhang die Chancengleichheit und die Möglichkeit zur Teilhabe an diesem Bildungssystem. Verfehlen würde man die Frage nach den Bildungsmöglichkeiten in Europa allerdings, wenn man diese auf die Diskussion um die formale Struktur verkürzen würde, wie dies seit Ende der 1960er Jahre aus Deutschland bekannt ist, nicht selten ideologisierend.[3] Hinzu kommt die wenig zielführende Diskussion um die Kulturunabhängigkeit der Länder, die der einen, in nationalstaatlichem Denken beheimateten Gruppierung angebracht, hingegen der anderen an Internationalität und Globalisierung der Wissensräume orientierten Gruppierung europakritisch und provinziell erscheint, wahrscheinlich aber weder in der einen noch in der anderen Gedankenwelt gründet. Sie oszilliert auch nicht dazwischen, sondern ist ganz simpel allein durch den Machtanspruch der europäischen Staaten, in Deutschland durch den der Bundesländer bestimmt. Dagegen werden die Diskussionen um die Inhalte und deren Verankerung im kulturellen Kontext nachgeordnet behandelt. Sie erscheinen zweitrangig, obwohl sie doch mindestens ebenso entscheidend sind.

Diese Diskussion betrifft nicht zuletzt die Bedeutung des Bildes, dessen Wahrnehmung und Rezeption. Die Rolle des Bildes als *lingua franca* allein »unserer Zivilisation« zu werten, überzeugt nicht.[4] Soweit andere Wissenschaften die Vergangenheit erhellen können, betrifft das Bild nämlich nicht nur »unsere Zivilisation«, sondern alle Gesellschaften, wozu nicht nur die sogenannten Zivilisierten gehören, sondern auch und gerade die sogenannten Primitiven, das heißt die Ethnien mit sehr ursprünglichen, naturverbundenen Kulturen oder Religionen auf einer wenig komplexen Entwicklungsstufe mit einfacher Technik. Auch ist das Bild nicht erst »in unserer Zeit« Mittel der Kommunikation geworden.[5] Diese Aufgabe besaß das Bild bereits lange vorher schon; es ist geradezu dafür entwickelt worden, was nicht zuletzt dadurch evident ist, dass die Höhlenmalerei auf dem europäischen Kontinent im Jungpaläolithikum vor etwa 40.000 Jahren in einer Zeit entstanden ist, als der anatomisch moderne Mensch (homo sapiens) Sprechvermögen und damit verbunden Eigenbewusstsein entwickelt hatte.[6] Im Anfang war also nicht nur das Wort, im Anfang war auch das Bild.
Dies führt zu der Frage, welche Rolle die Kunstgeschichte im Schulsystem spielt, welche Bedeutung den Inhalten, den Methoden und den Erkenntnissen des Faches zukommt. Um unnötige Komplizierung zu vermeiden, ist im Folgenden von Kunstgeschichte in dem Sinne die Rede, dass dieses Fach die historische Entwicklung und die kulturelle Funktion von Bild, Architektur, Ornament und Kunsthandwerk, Design, Fotografie und Neuen Medien untersucht. Hinzu kommen Kunsttheorie, interdisziplinär orientierte Methodenreflexionen sowie Untersuchungen zur visuellen und bildnerischen Gestaltung der Umwelt. Der Zeitraum reicht von der Entstehung des gemalten Bildes bis in die Gegenwart. Geographisch umfasst das Fach Kunstgeschichte den europäischen und den euro-mediterranen Kulturraum sowie Gebiete von Ländern, die seit der Neuzeit und der Moderne aus europäischen Kolonien hervorgegangen sind. Mit dieser Verabredung über die Bezeichnung Kunstgeschichte soll keineswegs die Debatte um die Begriffe Kunstwissenschaft beziehungsweise Bildwissenschaft[7] ignoriert werden, ebenso wenig die Frage, ob und inwieweit der eurozentristische Blick zu einer globalen Kunstgeschichte erweitert werden muss.[8] Jedoch sind diese Diskussionen im vorliegenden Zusammenhang wenig zielführend.

I.

Für die weiteren Überlegungen sind zunächst einige Fakten in Erinnerung zu rufen: Betrachtet man die 47 Länder, die Mitglied im Europarat sind, oder die 27 Mitgliedsstaaten in der Europäischen Union, fällt der Blick auf eine verwirrend erscheinende Vielfalt im Schulwesen. Zwar erfordert »der Aufbau der Europäischen Union als gemeinsames politisches System [...] die gegenseitige Annäherung und den Abbau von länderspezifischen Beschränkungen ohne die nationalen Besonderheiten außer Acht zu lassen [...]«. Auch gilt es, »für jedes Mitgliedsland der Europäischen Union kompatible Wege und Maßnahmen zu schaffen, d.h. die EU-Bildungssysteme müssen europaoffen gestaltet werden, um die Mobilität der Unionsbürger nicht zu behindern.«[9] Tatsächlich jedoch sind die Unterschiede groß. Da gibt es streng zentralistische Schulsysteme, allen voran in Frankreich, aber auch solche mit eifersüchtig verteidigter regionaler Zuständigkeit von Bundesländern, Provinzen, Kantonen und Sprachgemeinschaften, beispielsweise in Deutschland, der Schweiz, Spanien, Belgien, in Teilen auch in Italien. So sehr dieser Regionalismus vordergründig Kulturhoheit und Vorteile für ethnische und sprachliche Minderheiten zu versprechen scheint, so sehr wird er dann zum Nachteil, wenn die Erlaubnis zur Kulturautonomie von den Erlaubnisgebenden als Machtinstrument genutzt wird, um Minderheiten durch Sonderstatus zu isolieren und nieder zu halten.

Auch die Struktur des europäischen Schulwesens ist uneinheitlich. Das betrifft sowohl die Gliederung des allgemeinbildenden Schulwesens als auch das Verhältnis von allgemeinbildendem Schulwesen und Berufsausbildung. Vor allem in Deutschland, Österreich, der deutschsprachigen Schweiz und in den Niederlanden schließt sich an die gemeinsame Grundschule im allgemeinbildenden Schulwesen eine selektive vertikal gegliederte Sekundarstufenstruktur an, in Deutschland etwa Hauptschule (in Rheinland-Pfalz zum Beispiel mittlerweile abgeschafft), Realschule, Gymnasium, immer häufiger zusammengefasst im System Gesamtschule. Hinzu kommen Förderschulen für Menschen mit Beeinträchtigung. In den süd- und westeuropäischen Staaten hingegen herrscht eine gemeinsame Mittelstufe (Sekundarstufe I) vor, die durch die Oberschule (Sekundarstufe II) abgeschlossen wird. In den nordeuropäischen Staaten hat eine Einheitsschule Vorrang, die auch die Sekundarstufe II erfasst. Bei der beruflichen Bildung reicht das Spektrum von rein schulischer berufsbezogener Bildung, etwa in Bulgarien mit seinen »berufstechnischen Schulen«, über eine duale, das heißt zwischen Schule und Betrieb aufgeteilte Berufsausbildung, wie zum Beispiel in Deutschland, bis hin zur ausschließlich außerschulischen betrieblichen Berufsbildung wie beispielsweise in der angelsächsischen Tradition. Dazu kommt die Möglichkeit einer zugleich berufsqualifizierenden wie allgemeinbildenden und den Hochschulzugang eröffnenden Sekundarstufe II, etwa in Österreich. Auch die Bedeutung von Privatschulen ist in den Staaten Europas sehr unterschiedlich. Aber trotz dieser Vielfalt und Unterschiedlichkeit sind Gemeinsamkeiten

und Konstanten erkennbar, die der Geschichte Europas, dem antiken und dem jüdisch-christlichen Erbe, den Erfolgen der Aufklärung und der Revolutionen, vor allem dem demokratischen Staatsbewusstsein zu verdanken sind. Das sind: 1. Schulpflicht bis mindestens zum 16. Lebensjahr, 2. staatliche Bildungssouveränität mit hoheitlicher Zuständigkeit für das Schulwesen und 3. horizontale Stufung in Primar-, Sekundar- und Tertiärbereich. Ein übereinstimmender Kern besteht im Fächerkanon des allgemeinbildenden Schulwesens, wie er sich seit dem Mittelalter aus den *artes liberales* herausgebildet hat und bis heute Muttersprache, Mathematik, Naturwissenschaften, Geschichte, sogenannte musische Fächer (Musik, Kunst) und mindestens eine moderne Fremdsprache umfasst.[10]
Unabhängig davon legen technische Entwicklung, Dynamisierung von Wissensgenerierung, Globalisierung von Wissensbeständen, Wissensstandards und Kompetenzansprüche ebenso wie die globale Dimension von Information, Kommunikation und Ökonomie wechselseitige Transparenz und Vergleichbarkeit im Bildungswesen nahe.[11] Gleichzeitig geht in Europa – anders übrigens als in der arabischen Welt – die Werteverankerung der Gesellschaften in Religion zurück.[12] Dagegen nimmt die Bedeutung von Toleranz, Interkulturalität und auf Akzeptanz demokratischer Grundprinzipien gerichtete Werteerziehung in Europa zu.[13] In Deutschland, Österreich, Frankreich, England und in den nordeuropäischen Ländern war das früher der Fall als beispielsweise in Spanien oder Portugal, wo dieser Prozess erst nach dem Fall der Diktaturen in den 70er Jahren begann,[14] seit 1989/90 dann in den ehemals kommunistischen Staaten in Osteuropa und in der Sowjetunion[15] oder seit jüngerer Zeit auch in der Türkei,[16] die allerdings seit Atatürk bereits ein laizistisches Schulsystem besitzt.
Beim Fächerkanon wird nicht nur der Ruf nach stärkerem Einbezug der neuen Informationstechnologien und nach qualifizierter Einführung der Schüler in das Wirtschafts- und das Rechtssystem laut, sondern auch und vor allem nach Förderung der Bildkompetenz. Im Vordergrund stehen Produktion, Rezeption und Reflektion von Bildwerken im Kunstunterricht. Herstellung, Wahrnehmung, Beschreibung, Analyse und Deutung von Bildern werden als Teile eines Gesamtprozesses betrachtet, durch den die Bildung einer angemessenen Bildkompetenz erreicht werden soll.[17] Wenngleich das Fach Kunstgeschichte die Forderung nach Förderung der Bildkompetenz der Lernenden nur begrüßen kann, so wird aber zugleich auf die Gefahr hingewiesen, Kunstwerke, ihre Bedingungen und Voraussetzungen, ihre Inhalte und Kontexte falsch zu verstehen, wenn man das Handwerk für den Umgang mit den historischen Denkmalen des kulturellen Erbes nicht ausreichend beherrscht.[18]

II.

Betrachtet man die Vorgaben für das Unterrichtsfach Kunst an Schulen in den deutschen Bundesländern, ist festzustellen, dass keineswegs ein einheitliches Verständnis von dem herrscht, was verbindlich geregelt sein soll. Während in Rheinland-Pfalz, im Saarland, in Nordrhein-Westfalen, Schleswig-Holstein, Sachsen-Anhalt, Sachsen, Hessen, Thüringen und Bayern von »Lehrplänen« gesprochen wird, ist in Berlin, Brandenburg und Mecklenburg-Vorpommern von »Rahmenplänen« die Rede, in den Stadtstaaten Hamburg und Bremen von »Bildungsplänen«, in Baden-Württemberg von »Bildungsstandards« und in Niedersachsen von »Curricularen Vorgaben«. Die inhaltlichen Zielsetzungen sind ebenfalls nicht identisch. Auch sie weisen höchstens Ähnlichkeit auf. In Bremen beispielsweise orientieren sich die Bildungspläne an Standards, in denen die erwarteten Lernergebnisse als verbindliche Anforderungen formuliert sind. In diesen Standards werden die Lernergebnisse durch fachbezogene Kompetenzen beschrieben, denen fachdidaktisch begründete Kompetenzbereiche zugeordnet sind.[19] Und aus Berlin ist zu vernehmen, dass der Rahmenplan Orientierung und Raum für die Gestaltung schulinterner Lehrpläne bietet, in denen auf Grundlage der Vorgaben des Rahmenplanes der Bildungs- und Erziehungsauftrag von Schule standortspezifisch konkretisiert werden kann. So wird der jeweiligen Schule eine größere Eigenverantwortung bei der Konzeption eines Lehrplanes übertragen. Dabei soll, wie in Hamburg betont wird, auf schulspezifische Besonderheiten sowie Neigungen und Interessenslagen der Lernenden eingegangen werden.[20]

Innerhalb dieser Zielsetzungen findet sich das Fach Kunstgeschichte bekanntlich nicht wieder. Lediglich in der Beschreibung und den Vorgaben für das Unterrichtsfach Bildende Kunst wird die »Kunstgeschichte« erwähnt, entspricht mit den dort genannten Zielen aber keineswegs der Intention und den Erfolgen der Disziplin Kunstgeschichte.[21]

Der Kunstunterricht soll die Persönlichkeitsentwicklung der Schülerinnen und Schüler unterstützen. Sie sollen ihr Umfeld als ästhetisch gestaltet und gestaltbar erfahren. Der Kunstunterricht soll dazu beitragen, ein ästhetisches Denken, Urteilen und Handeln zu entwickeln. Wahrnehmung soll differenziert, ein Beitrag zur Berufsorientierung und ebenso eine kulturelle Orientierung geliefert werden, Kunst als erweiterte Kommunikationsweise verstanden werden. Dies soll verbunden werden, wie es in den Leitgedanken zum Kompetenzerwerb für Kunst in Baden-Württemberg heißt, durch »Begegnungen mit Werken aus Tradition und Gegenwart, von der Antike bis zur aktuellen Kunst, aus verschiedenen

Epochen und Kulturkreisen.«[22] Darüber hinaus wird in allen Lehrplänen dem Unterrichtsfach Kunst die Vermittlung von Medienkompetenz zugewiesen.

In den bundesdeutschen Lehrplänen sind für die Klassen 5-10 Themenbereiche oder sogenannte Erfahrungsfelder vorgegeben, zu denen die Schülerinnen und Schüler in den unterschiedlichen Klassenstufen arbeiten sollen. Sie sind mit entsprechenden Standards verbunden, die am Ende der Klassenstufen erreicht sein müssen. Im Vordergrund stehen dabei Aspekte der künstlerischen Gestaltung in den Bereichen Zeichnung und Druckgrafik, Farbe und Malerei, dreidimensionales Gestalten und Medien, ergänzt durch Kunst- und Werkbetrachtung.

Beispiel Hamburg (Rahmenplan bildende Kunst Gymnasium, S. 12):
- Jahrgangs-Stufe 5/6 mit sechs Arbeitsbereichen:
  Zeichnen, Malen, Plastisches Arbeiten, Drucken,
  einführende Medienarbeit, Kunst- und Werkbetrachtung.
- Jahrgangs-Stufe 7/8 fünf Arbeitsbereiche:
  Farbe, Perspektive, Alltagsästhetik, medienspezifische Bildwirklichkeiten,
  Kunst- und Werkbetrachtung.
- Jahrgangs-Stufe 9/10 sieben Arbeitsbereiche:
  Mensch, Natur, Raum, Objekt, Medienarbeit, methodische Aspekte,
  Kunst- und Werkbetrachtung; außerdem: Kunstgeschichte.

In den Lehrplänen finden sich dazu auch konkrete Unterrichtseinheiten mit Arbeitsvorschlägen und Lernzielen, die ebenso wie die Standards ausformuliert sind.

Wiederum Hamburg als Beispiel:
- 5./6. Klasse, wo die genaue Betrachtung im Vordergrund steht gegenüber historischen oder stilgeschichtlichen Ansätzen (S. 18).

Angesichts solcher Vorgaben fragt der Kunsthistoriker natürlich sofort, was unter »genauer Betrachtung« zu verstehen ist, wenn denn beispielsweise die Bedingungen und Voraussetzungen der Bildentstehung und der Bildwirkung im kulturellen Kontext der Entstehungszeit nicht erfragt werden sollen. Eine den Kunsthistoriker freilich wenig befriedigende Antwort dazu kommt aus Hessen,[23] wo im Hinblick auf die 5./6. Klasse formuliert ist, was Gegenstand der Betrachtung ist:
- Eine Auswahl von Bildern, die einen spontanen Zugang erlauben (S. 11).
- Maler, die Werke für diesen spontanen Zugang bieten, sind Dürer, Goya, Velasquez, Schwind, Runge, Dix, Picasso, Schwitters, Cage (S. 9).

Nicht die Komplexität einer Bildentstehung und seiner Wirkung soll erkannt werden, sondern dessen spontanes, das heißt ein schnelles, einfaches, ein vordergründiges Verständnis soll geschult werden. Ob Dürers, Goyas und Velasquez' Werke einen spontanen Zugang bieten, wie man in Hessen glaubt, ist angesichts vielfältiger kunsthistorischer Forschungen zu den Künstlern und ihren Werken sehr zu bezweifeln.

Das Ziel der Vorgehensweise bei der Betrachtung von Bildern ist in Berlin formuliert:[24]

- Schüler lassen sich durch Kunstwerke zu eigenen Arbeiten anregen.
- Schüler untersuchen ästhetische Phänomene ihrer Alltagskultur und nähern sich Kunstwerken über Fragen und Bildvergleiche.

Was in den Lehrplänen unter Kunst- und Werkbetrachtung verstanden wird, erscheint stets in einem engen Zusammenhang mit der künstlerisch praktischen Arbeit der Schülerinnen und Schüler. Im Vordergrund steht nicht das moderne kunsthistorische Bildverständnis. Intendiert ist eine auf Emotionalität beruhende Rezeption, eine ästhetische Wahrnehmung.

Ausnahmen bilden in diesem Zusammenhang der Bildungsplan in Hamburg und die Bildungs-Standards in Baden-Württemberg. So hat man in Hamburg das Konzept unter anderem dahin gehend erweitert, dass kunsthistorische Erfahrung auch außerhalb des Klassenraumes eingefordert wird. Konkret beinhaltet dies den Besuch von Museen mit dem Ziel, dass die Schülerinnen und Schüler bis zum Ende der 10. Klasse »exemplarisch Zusammenhänge, Nahtstellen und Brüche in der Kunstentwicklung« kennen.[25] In Baden-Württemberg besitzen Lernende bis zur Klasse 10 »Kenntnisse zu exemplarischen Aspekten der Kunstgeschichte – zu Künstlerinnen/Künstlern, Werken und Beziehungen von Werken zu Epochen. Sie können ihr Wissen strukturieren.« In der Kursstufe der Klassen 11-12 verfügen sie »über eine angemessene Fachsprache; haben Kenntnisse zu exemplarischen Aspekten der Kunstgeschichte und können diese an konkreten Beispielen anwenden; können Werke der Kunst und der gestalteten Umwelt selbständig und begründet in verschiedenen Zusammenhängen erschließen und deuten; verfügen über verschiedene Methoden der Erschließung, subjektive, experimentelle und formale Ansätze, Vergleich von Werken im Kontext zur praktischen und theoretischen Arbeit, Untersuchung des Formalen und seiner Wirkung; sind in der Lage, die Begegnungen, Auseinandersetzungen und Kommunikation mit unterschiedlichen Werken und ihre Kenntnisse und Erfahrungen zu strukturieren und Einzelheiten im Zusammenhang mit dem Ganzen zu sehen; können ihre Erfahrungen, Kenntnisse und Ergebnisse vermitteln und präsentieren; sind in der Lage, die Begegnung, Auseinandersetzung und Kommunikation mit unterschiedlichen Werken als Anregung für die eigene praktische Arbeit aufzufassen.«[26]

Einen von allen bundesdeutschen Lehrplänen im Unterrichtsfach Kunst in mehrerer Hinsicht deutlich unterschiedenen Plan liefert der Freistaat Bayern. Kunst wird auch dort als »ein Leitfach der ästhetischen Bildung« verstanden. Jedoch ist »Ästhetik dabei, aus dem griechischen *aisthesis* abgeleitet, als Wahrnehmung in ihrer umfassenden Bedeutung verstanden, d.h. nicht nur als sinnliche Aufnahme, sondern gleichzeitig als anschauliches Denken, das Wirklichkeit interpretiert und strukturiert.«[27] Darüber hinaus kommen in Bayern mehr als in den anderen Bundesländern Erkenntnisse des Faches Kunstgeschichte nicht nur soweit zum Tragen, wie sie der Erläuterung und Unterstützung der jeweils praktischen Arbeit der Schülerinnen und Schüler dienen. In Bayern wird im Hinblick auf die Leitfunktion der ästhetischen Bildung – übergreifende Kompetenzen, fächerverbindender Unterricht, Wahrnehmung und Gestaltung, Kreativität und Phantasie, Erkennen der Lebenswelten, Kommunikation und Medien – das Fach Kunstgeschichte systematisch gelehrt, und zwar von der Höhlenmalerei und den frühen Hochkulturen bis in die zweite Hälfte des 20. Jahrhunderts, und dies von der 5. bis zur 10. Klasse, mit Vertiefung in den Klassen 11 und 12.[28]

Dazu einige Beispiele:
- Klasse 5:
  »Anhand ausgewählter Beispiele erhalten die Schüler einen Einblick in die frühen Formen von Kunst und Kultur. Sie entdecken durch die verschiedenen Bildwerke sowohl inhaltliche als auch stilistische Unterschiede zwischen den einzelnen Kulturen sowie deren Gemeinsamkeiten.
  Europäischer Bereich: z. B. Höhlenmalerei, keltische, minoische Kunst.
  Außereuropäischer Bereich: z. B. afrikanische, indianische, ozeanische Kultobjekte.«[29]
- Klasse 6:
  »Anhand ausgewählter Beispiele erwerben die Schüler Einblicke in die Kunst der Antike und entdecken unterschiedliche Bedeutungsinhalte verschiedener Kunstwerke.
  Ägyptische Hochkultur: z. B. Pyramiden, Plastiken, Tempelreliefs, Grabmalerei.
  Skulptur und Architektur des antiken Griechenlands.
  Kunst der römische Antike: z. B. Architektur, Mosaik, Wandmalerei.«[30]
- Klasse 7:
  »In der vergleichenden Betrachtung romanischer und gotischer Sakralarchitektur erarbeiten sie sich einen Überblick über die grundlegenden Merkmale beider Stilepochen und deren Entwicklung.

> Typische Merkmale der Bauformen.
> Raumgliederung: z. B. gebundenes System.
> Stilistische Unterschiede: z. B. Portal, Säule, Kapitell, Gewölbe, Wandgliederung.«[31]

Zur Zielsetzung des Fachprofils Kunst heißt es aus Bayern:

> »Im Lernbereich Bildender Kunst gewinnen die Schüler einen Überblick über die Kunstgeschichte, auch im Bezug zum Fach Geschichte. Sie vollziehen das Entstehen wichtiger Aspekte der europäischen Kultur nach und lernen, die Gegenwart aus ihren Wurzeln heraus besser zu verstehen. In der Werkbetrachtung der Unterstufe fördern affektive Zugänge das Verstehen. Anschließend studieren die Schüler – auch mittels ästhetisch-praktischer Annäherungsformen – charakteristische Werke vom Klassizismus bis zur Kunst nach 1945 und erlernen ein methodisches Repertoire zur Werkerschließung. Die Begegnung mit Originalen an außerschulischen Lernorten wie Galerien, Museen, Denkmalen, Künstlerateliers und architektonisch interessanten Orten ist dabei besonders entscheidend. In der praktischen wie theoretischen Auseinandersetzung mit den vier Themenbereichen ›Körper‹, ›Objekt‹, ›Gebauter Raum‹ und ›Kommunikation‹ der Jahrgangsstufen 11 und 12 erweitern und vertiefen die Jugendlichen die in den Jahrgangsstufen 5 bis 10 vermittelten Grundlagen und stellen sie in einen neuen gedanklichen Kontext [...].«[32]

Obwohl die Rolle der Kunstgeschichte in den Lehrplänen der Bundesländer unterschiedlich dargestellt ist und nicht in jedem Fall die Bedeutung hat wie in Bayern, drängt sich die Frage auf, wie diese hohen Anforderungen, die eine umfassende kunsthistorische Bildung der Lehrenden voraussetzt, fachlich seriös umgesetzt werden. Ob das Unterrichtsfach Kunst und die dafür ausgebildeten Kunstpädagogen diese Aufgabe in der gesamten Komplexität des Faches Kunstgeschichte übernehmen können, steht hier nicht zur Debatte. Entscheidend ist die Frage, ob das Unterrichtsfach Kunst diese Aufgaben überhaupt erfüllen *will* und ob es stattdessen nicht ganz andere Aufgaben zu erfüllen hat. Schließlich verfolgt die Kunstpädagogik andere Ziele als die moderne Kunstgeschichtsschreibung. Zwar favorisieren manche Kunstpädagogen zur Bewältigung des *Iconic Turn* Interdisziplinarität,[33] wobei jedoch die Tatsache, dass Kunstgeschichte bereits als Teil einer Interdisziplinarität verstanden wird, beinhaltet, dass die Kunstpädagogik ein von der Kunstgeschichte unterschiedenes Fach ist. Für die Kunstpädagogik ist Kunstgeschichte »nur eine Hilfswissenschaft, [...] eine Hilfsdisziplin«, die sich im Unterrichtsfach Kunst mit dem, was sie tut, »vor den Fachstandards der Kunstpädagogik zu verantworten hat.« Entsprechend wird das

Verhältnis von Kunstunterricht und Kunstgeschichte so betrachtet »wie Sportunterricht zu Sportgeschichte. Wie für Sportunterricht die Bildung körperlichen und sportlichen Verhaltens der Schülerinnen und Schüler der eigentliche Maßstab des Unterrichts und auch des Blicks auf die Geschichte des Sports ist, so ist es für Kunstunterricht das Bilden ihres ästhetischen Verstehens, Erlebens, Genießens und Tuns.«[34]

In diesem Zusammenhang ist wohl auch zu sehen, dass die moderne Kunstpädagogik ihren Auftrag mittlerweile darin versteht, vor allem »künstlerisches Denken« zu schulen, was erfordert, dass der Kunstpädagoge Künstler sein müsse.[35] Künstlerische Bildung sei weder verstehensorientiert noch erfahrungsorientiert, sondern gestaltungsorientiert. Im Vordergrund kunstpädagogischen Handelns stehe der ästhetische Bildungsprozess. »Kunstpädagogik« wird »als Kunst« gesehen, »die Inhalte, Lern- und Bildungsprozesse künstlerisch auffasst und gestaltet.«[36] Das Fach Kunstgeschichte und die Erkenntnisse dieser historisch orientierten, denkmalgestützten Disziplin sind dabei nachgeordnet. Das ist akzeptabel, solange damit nicht eine Verkürzung, Ausdünnung und Simplifizierung kunsthistorischer Zusammenhänge und des Verständnisses des kulturellen Erbes und seiner Vermittlung verbunden ist.

Vor dem Hintergrund der in den Lehrplänen formulierten, zum Teil hohen Anforderung an die kunsthistorische Bildung der Kunstlehrerinnen und Kunstlehrer ebenso wie an die Forderungen der modernen Kunstpädagogik im Hinblick auf gestaltungsorientierte künstlerische Bildung wirft dies die Frage auf, ob im Unterrichtsfach Bildende Kunst nicht eine Trennung von Kunstpädagogik und Kunstgeschichte sinnvoll ist. So könnten sich die Kunstlehrer allein auf die im Rahmen der Kunstpädagogik intendierten Aspekte der künstlerischen Praxis konzentrieren und uneingeschränkt ihre Ziele realisieren. Die Kunstgeschichte hingegen könnte sämtliche ihrer Methoden und Erkenntnismöglichkeiten in Gänze entfalten. Sie könnte in ihrer Komplexität viele andere Schulfächer berühren und vernetzen, die sie im Rahmen kunstpädagogischer Zielsetzungen der vordergründig ästhetischen Erziehung im Schulfach Kunst nicht erreicht. Angefangen bei den Unterrichtsfächern Geschichte, Religion und Philosophie reicht das Spektrum über alte und moderne Sprachen, Landeskunde, Sozialkunde bis hin zur Mathematik und Informatik, wo ebenfalls von Abbilden und Bildverstehen die Rede ist. Das Fach Kunstgeschichte könnte zu einem zentralen Bildungsfach werden für das Verständnis der Kulturen und Gesellschaften im modernen Europa, den historisch geprägten Beziehungen der christlichen zur jüdischen und islamischen Kultur sowie zu den Entwicklungen des *Iconic Turn*. In der Praxis könnte das so aussehen, dass die Kunstpädagogik ästhetische Erziehung im Sinne einer gestaltungsorientierten, künstlerischen Bildung durchführt, während daneben speziell für den Schuldienst und in der Didaktik der Kunstgeschichte ausgebildete Kunsthistoriker im Unterrichtsfach Bildwissenschaft unterrichten. Wie in dem sogenannten, von Kunsthistorikern initiierten Florentiner Appell formuliert, würde der Unterricht des Faches Kunstgeschichte dazu beitragen, »den Geist einer künstlerischen Gemeinschaft zu verstehen, der Europa seit mehr als drei Jahrtausenden vereint. Kunstwerke – von der Moschee von Cordoba bis zu den Wasserturm-Fotos der Bechers – liefern in historischer Perspektive die beste Einführung in Religionen, gegenseitige geistige Inspirationsprozesse und Zivilisationen, die die Geschichte des Kontinents geprägt haben. Und sie zeigen die Rolle an, die Europa in der aktuellen globalen Kultur spielt, in der künstlerische Ausdrucksformen neue Wege beschreiten und sich der kulturelle Austausch beschleunigt und vermehrt.«[37]

III.

So abwegig wie die Einrichtung des Unterrichtsfaches Kunstgeschichte auf den ersten Blick erscheinen mag, so wenig ist dies tatsächlich der Fall. Dafür muss man den Blick nur über die nationalen Grenzen hinaus auf andere Länder in Europa richten. Italien[38] beispielsweise: Dort ist die *Scuola media* (seit 2004 etwas umständlich *Scuola secondaria di primo grado* genannt), die Mittelschule der Sekundarstufe I, für alle Schüler zwischen dem 11. und 14. Lebensjahr verpflichtend. Danach öffnet sich ein gegliedertes Schulsystem, und die Jugendlichen müssen entscheiden, welche der drei Formen der Sekundarstufe II sie besuchen wollen: Das Gymnasium (*Liceo*) bereitet im Allgemeinen auf ein Hochschulstudium vor. Die Fachoberschule (*Istituto Tecnico*) ist praxisorientiert und bietet neben der Allgemeinen Hochschulreife auch einen berufsqualifizierenden Abschluss an. An der Berufsfachschule (*Istituto Professionale*) kann nach drei oder vier Jahren ein Berufsabschluss erreicht werden, nach fünf Jahren die Allgemeine Hochschulreife. Darüber hinaus ist auch eine Duale Berufsausbildung möglich.

Bei den Gymnasien stehen sechs Typen[39] zur Auswahl: Das sprachorientierte *Liceo linguistico* (mit mindestens drei Fremdsprachen; neusprachliches Gymnasium), das *Liceo scientifico* (mathematisch-naturwissenschaftliches Gymnasium) für angehende Naturwissenschaftler und Mediziner, das *Liceo musicale e Coreutico* (musisches Gymnasium), das *Liceo delle Scienze Umane* (sozialwissenschaftliches Gymnasium) und das *Liceo artistico* für angehende Architekten, Designer und Studierende an Kunstakademien. Außerdem gibt es *last but not least* das humanistische *Liceo classico*. Dort steht als eigenes Fach auch *Storia dell'arte*, Kunstgeschichte, auf dem Lehrplan, und zwar mit 66 Unterrichtsstunden jeweils im dritten, vierten und fünften Jahr.[40] Dass es sich dabei nicht um praktischen Kunstunterricht in Form von Zeichnen und Malen, sondern um Kunstgeschichte handelt, zeigt auch der Lehrplan des *Liceo artistico*, des Kunstgymnasiums, wo das Fach über die gesamte Schulzeit mit jeweils 99 Stunden pro Jahr unterrichtet wird.[41] Auch in der deutschsprachigen Schweiz gibt es dem italienischen Vorbild folgend und bilingual (deutsch und italienisch) das Kunstgymnasium Zürich, wo neben dem bildnerischen Gestalten als eigenes Fach auch Kunstgeschichte unterrichtet wird.[42] Kunstpädagogik und Kunstgeschichte sind zwei unterschiedliche Schulfächer. Wenn man berücksichtigt, dass die Begründung des Gymnasiums im italienischen Schulwesen bis 1859 zurückreicht, und auch das Kunstgymnasium in Zürich immerhin bereits 1986 gegründet wurde,[43] kann angesichts der langen Dauer dieser Schulpraxis die Unterscheidung zwischen Kunstpädagogik und Kunstgeschichte so sinnlos nicht sein. Kunstgeschichte ist ein selbstständiges Bildungsfach.

---

1 Erich Hödl, Humankapital im europäischen Wissensraum, in: Ludwig Tavernier (Hg.), Das moderne Europa. Erbe und Auftrag (edition weimar. European Academy of Sciences and Arts, 5, hg. von Ludwig Tavernier und Felix Unger); Weimar 2007, S. 107-120.

2 Raoul A. Weiler (Hg.), Which University for the 21st Century? (Annals of the European Academy of Sciences and Arts. Vol 32, Nr. XI, MMI, hg. von Ludwig Tavernier), Hildesheim/Zürich/New York 2001.

3 Josef Klein, Bildung in Europa. Vielfalt oder Vereinheitlichung, in: Tavernier (wie Anm. 1), S. 121-132.

4 Edith Glaser-Henzer, Bild & Kunst. Ein Schweizer Diskussionsbeitrag zur Begründung des Faches, in: Didaktisches Forum, September 2010. http://www.schroedel.de/kunst-portal/didaktik_archiv/2010-09-glaser-henzer.pdf .

5 Glaser-Henzer, Bild & Kunst (wie Anm. 4).

6 André Leroi-Gourhan, La geste et la parole. Technique et langage, Paris 1964-1965; Toni Hildebrandt, Bild, Geste und Hand. Leroi-Gourhans paläontologische Bildtheorie, in: Image. Zeitschrift für interdisziplinäre Bildwissenschaft 14 (2011). http://www.gib.uni-tuebingen.de/image/ausgaben-3?function=fnArticle&showArticle=198; André Leroi-Gourhan, The Dawn of European Art: An Introduction to Palaeolithic Cave Painting, Cambridge 1982; Richard G. Klein, The Human Career. Human Biological and Cultural Origins, Chicago 2009.

7 Thomas Hensel und Andreas Köstler (Hg.), Einführung in die Kunstwissenschaft, Berlin 2005; Gustav Frank und Barbara Lange, Einführung in die Bildwissenschaft. Bilder in der visuellen Kultur, Darmstadt 2010.

8 Ludwig Tavernier: Cross-discovering. Neue Wege der Kunst im Spiegel europäischer Kulturepochen, in: Tavernier (wie Anm. 1), S.203-236.

9 Jürgen Gries/Mathias Lindenau/Kai Maaz/Uta Waleschkowski, Bildungssysteme in Europa, Berlin 2005, S.5. www.bertelsmann-stiftung.de/bst/de/media/xcms_bst_dms_11327_11328_2.pdf.

10 Handbuch der deutschen Bildungsgeschichte, Band 4: 1870-1918, hg. von Christa Berg, München 1991.

11 Klein, Bildung in Europa (wie Anm. 3), S. 124f.

12 Werner Ende und Udo Steinbach (Hg.), Der Islam in der Gegenwart, München 2005; Charles Taylor, A Secular Age, Cambridge (Mass.) 2007; Gert Pickel und Olaf Müller, Church and Religion in Contemporary Europe. Results from Empirical and Comparative research, Wiesbaden 2009; Florian Ossadnik, Spinoza und der »wissenschaftliche Atheismus« des 21. Jahrhunderts. Ethische und politische Konsequenzen frühaufklärerischer und gegenwärtiger Religionskritik. (Studies in European Culture, 8, hg. von Ludwig Tavernier), Weimar 2011.

13 Volker Elsenbast/Friedrich Schweitzer/Gerhard Ziener (Hg.), Werte – Erziehung – Religion: Beiträge von Religion und Religionspädagogik zu Werteerziehung und werteorientierter Bildung, Münster 2008.

14 Dietmar Waterkamp, Schulsysteme in der europäischen Union, in: Siegrid Blömeke/Thorsten Bohl/Ludwig Haag/Gregor Lang-Wojtasik/Werrner Sacher (Hg.), Handbuch Schule, Stuttgart 2009, S. 179-182.

15 Wolfgang Mitter, Das Bildungswesen in Osteuropa und in der Sowjetunion in einer Periode revolutionären Wandels. Versuch einer vergleichenden Analyse, in: Wolfgang Mitter/Manfred Weiß/Ulrich Schäfer (Hg.), Neuere Entwicklungstendenzen im Bildungswesen in Osteuropa. Beiträge des UNESCO-Workshops im Deutschen Institut für Internationale Pädagogische Forschung in Frankfurt am Main vom 5.-7. Juni 1991, Frankfurt Main u.a. 1992, S. 119-133.

16 Gerhard Voigt, Zur Geschichte des türkischen Schulsystems. In: politik unterricht aktuell H. 1, 1994. http://www.pu-aktuell.de/pua1994/p194_TR.htm#top; Klaus Kreiser, Atatürk. Eine Biographie, München ²2008, S. 274-276.

17 Rolf Niehoff und Rainer Wenrich (Hg.), Denken und Lernen mit Bildern, München 2007; Kunibert Bering und Rolf Niehoff (Hg.), Bildkompetenz(en), Oberhausen 2009.

18 Barbara Welzel, Bildungsauftrag Kunstgeschichte, in: BDK-Mitteilungen 2004, H. 4, S. 2-4.

19 BP Bremen, S. 4.

20 RP Berlin, S. 6; BP Haupt- und Realschule, S. 5

21 Vgl. hierzu auch den Beitrag von Claudia Hattendorff in diesem Band.

22 Bst BWB, S. 293.

23 LP Hessen, S. 9-17.

24 LP Berlin, S. 15.

25 TB HH, S. 38.

26 Bst BWB, S. 297f.

27 LP BY, S. 1.

28 RP BY.

29 LP BY, S. 151.

30 LP BY, S. 201.

31 LP BY, S. 271.

32 LP BY, S. 3.

33 Rainer Wenrich, Wo steht die Kunstpädagogik?, in: Kunstpädagogisches Generationengespräch. Zukunft braucht Herkunft, hg. von Johannes Kirschenmann/Rainer Wenrich/Wolfgang Zacharias, München 2004, S.19-25.

34 Ulrich Heinen, Bildungsauftrag Kunstpädagogik. Eine polemische Antwort auf eine Polemik, in: BDK-Mitteilungen 2005 H.1, S.11.

35 Carl-Peter Buschkühle, Künstlerische Bildung und Multiperspektivität, in: Kunstpädagogisches Generationengespräch (wie Anm. 33), S. 317-322.

36 Carl-Peter Buschkühle, Die Welt als Spiel. II. Kunstpädagogik: Theorie und Praxis künstlerischer Bildung, Oberhausen 2007, S. 331.

37 http://appeldeflorence.apahau.org/images/Florentiner_appell.pdf. - http://www.kunsthistoriker.org/florentiner_appell.html. Vgl. auch den Wiederabdruck in diesem Band.

38 http://www.istruzione.it; http://hubmiur.pubblica.istruzione.it/web/istruzione/famiglie/ordinamenti;

39 http://archivio.pubblica.istruzione.it/riforma_superiori/nuovesuperiori/index.html#regolamenti

40 http://archivio.pubblica.istruzione.it/riforma_superiori/nuovesuperiori/index.html#regolamenti (dort unter Licei, Quadri orari)

41 Siehe Anm. 40.

42 http://www.liceo.ch/SWF-Dateien/StartIntro.swf.

43 Siehe Anm. 42.

KUNSTGESCHICHTE, BILDUNG UND KULTURELLE MENSCHENRECHTE
Dortmunder Projekte

Barbara Welzel

I. Kulturelles Erbe und kulturelle Menschenrechte

Im Jahr 2005 verabschiedeten die für Kultur zuständigen Minister des Europarates die »Rahmenkonvention über den Wert des Kulturerbes für die Gesellschaft« (»Framework Convention on the Value of Cultural Heritage for Society«).[1] Mit dieser Konvention wird eine Summe vorangegangener Vereinbarungen über das Recht auf kulturelle Teilhabe (»Partizipation«) gezogen und für die Gesellschaften des beginnenden 21. Jahrhunderts ausformuliert. Dabei gerät die Heterogenität innerhalb einzelner Länder und ihrer Gesellschaften, innerhalb Europas und insgesamt in der Weltgemeinschaft programmatisch in den Blick. Zwei große Referenzkonventionen werden aufgerufen, die den legitimatorischen Rahmen abgeben: Die »Allgemeine Erklärung der Menschenrechte« aus dem Jahr 1948 sowie das »Europäische Kulturabkommen« von 1954 (»European Cultural Convention«).[2] Die »Allgemeine Erklärung der Menschenrechte« war als Antwort auf die Verheerungen des Zweiten Weltkrieges und der Shoah – »da die Nichtanerkennung und Verachtung der Menschenrechte zu Akten der Barbarei geführt haben, die das Gewissen der Menschheit mit Empörung erfüllen« (Präambel) – und als Utopie wie zivilisatorische Selbstverpflichtung von der Generalversammlung der Vereinten Nationen verkündet worden:

»Alle Menschen sind frei und gleich an Würde und Rechten geboren. Sie sind mit Vernunft und Gewissen begabt und sollen einander im Geiste der Brüderlichkeit begegnen.« (Artikel 1)

»Jeder hat Anspruch auf alle in dieser Erklärung verkündeten Rechte und Freiheiten, ohne irgendeinen Unterschied, etwa nach Rasse, Hautfarbe, Ge-

schlecht, Sprache, Religion, politischer oder sonstiger Anschauung, nationaler oder sozialer Herkunft, Vermögen, Geburt oder sonstigem Stand.« (Artikel 2)
»Jeder hat als Mitglied der Gesellschaft das Recht auf soziale Sicherheit und Anspruch darauf, durch innerstaatliche Maßnahmen und internationale Zusammenarbeit sowie unter Berücksichtigung der Organisation und der Mittel jedes Staates in den Genuss der wirtschaftlichen, sozialen und kulturellen Rechte zu gelangen, die für seine Würde und die freie Entwicklung seiner Persönlichkeit unentbehrlich sind.« (Artikel 22)

Explizit werden die Menschenrechte in der Präambel benannt »als das von allen Völkern und Nationen zu erreichende gemeinsame Ideal, damit jeder einzelne und alle Organe der Gesellschaft sich diese Erklärung stets gegenwärtig halten und sich bemühen, durch Unterricht und Erziehung die Achtung vor diesen Rechten und Freiheiten zu fördern und durch fortschreitende nationale und internationale Maßnahmen ihre allgemeine und tatsächliche Anerkennung und Einhaltung [...] zu gewährleisten.«

Der Europarat hat die allgemeinen Rechte in seiner Kulturkonvention aus dem Jahr 1954 folgendermaßen ausformuliert:

»Artikel 1: Jede Vertragspartei trifft geeignete Maßnahmen zum Schutz und zur Mehrung ihres Beitrags zum gemeinsamen kulturellen Erbe Europas.«

»Artikel 2: Jede Vertragspartei wird, soweit wie möglich:

a) bei ihren Staatsangehörigen das Studium der Sprachen, der Geschichte und der Zivilisation der anderen Vertragsparteien fördern und diesen Vertragsparteien auf ihrem Gebiet Erleichterungen für die Ausgestaltung solcher Studien gewähren;

b) bestrebt sein, das Studium ihrer Sprache oder Sprachen, ihrer Geschichte und ihrer Zivilisation im Gebiet der anderen Vertragsparteien zu fördern und deren Staatsangehörigen die Möglichkeit zu geben, sich solchen Studien auf ihrem Gebiet zu widmen.«

»Artikel 5: Jede Vertragspartei betrachtet die europäischen Kulturgüter, die sich unter ihrer Kontrolle befinden, als Bestandteil des gemeinsamen europäischen kulturellen Erbes, trifft die erforderlichen Maßnahmen zu ihrem Schutz und erleichtert den Zugang zu ihnen.«

In den seither vergangenen Jahrzehnten ist zunehmend deutlicher ausformuliert worden, dass das kulturelle Erbe gerade auch die Objektüberlieferung – die Geschichte als Prozess und die allgemeinen Werte ergänzend – umfasst. Ein Schlüsseldokument ist die »Charta von Venedig« aus dem Jahr 1964, die feststellt:
»Als lebendige Zeugnisse jahrhundertealter Traditionen der Völker vermitteln die Denkmäler in der Gegenwart eine geistige Botschaft der Vergangenheit. Die

Menschheit, die sich der universellen Geltung menschlicher Werte mehr und mehr bewusst wird, sieht in den Denkmälern ein gemeinsames Erbe und fühlt sich kommenden Generationen gegenüber für ihre Bewahrung gemeinsam verantwortlich. Sie hat die Verpflichtung, ihnen die Denkmäler im ganzen Reichtum ihrer Authentizität weiterzugeben.«[3]

1972 wurde die Welterbekonvention der UNESCO verabschiedet.[4] Die völkerrechtliche Verpflichtung auf den Schutz von Kulturgut war bereits 1954 wiederum als Antwort auf die Verheerungen des Zweiten Weltkrieges in der »Haager Konvention zum Schutz von Kulturgut in bewaffneten Konflikten« kodifiziert worden: »Jede Schädigung von Kulturgut, gleichgültig welchem Volke es gehört, bedeutet eine Schädigung des kulturellen Erbes der ganzen Menschheit, weil jedes Volk seinen Beitrag zur Kultur der Welt leistet.« (Präambel)[5]

Die Unterzeichner der Konvention von Faro haben sich 2005 unter anderem auf die folgenden Punkte verständigt:

»a) recognise that rights relating to cultural heritage are inherent in the right to participate in cultural life, as defined in the Universal Declaration of Human Rights; […]

d) take the necessary steps to apply the provisions of this Convention concerning: the role of cultural heritage in the construction of a peaceful and democratic society, and in the processes of sustainable development and the promotion of cultural diversity; […]

Article 7 – Cultural heritage and dialogue

The Parties undertake, through the public authorities and other competent bodies, to:

a) encourage reflection on the ethics and methods of presentation of the cultural heritage, as well as respect for diversity of interpretations;

b) establish processes for conciliation to deal equitably with situations where contradictory values are placed on the same cultural heritage by different communities;

c) develop knowledge of cultural heritage as a resource to facilitate peaceful co-existence by promoting trust and mutual understanding with a view to resolution and prevention of conflicts;

d) integrate these approaches into all aspects of lifelong education and training.«[6]

In dieser Konvention wird der Bogen zwischen kulturellen Menschenrechten, Bildung und kultureller Diversität in den Gesellschaften am Beginn des 21. Jahrhunderts geschlagen.[7]

II. Kunstgeschichte und kulturelle Teilhabe – Dortmunder Projekte

Dortmund zählt zu den zehn größten Städten der Bundesrepublik Deutschland.[8] Als eine der Metropolen des Ruhrgebiets war die Stadt besonders stark von den Zerstörungen des Zweiten Weltkriegs betroffen und ist heute gerade in der Innenstadt vom Wiederaufbau der Nachkriegszeit geprägt. Das »Bild« der Stadt ist darüber hinaus – wie generell im Ruhrgebiet – von Industrialisierung (Stichworte: Kohle und Stahl) und Strukturwandel bestimmt, die das Gedächtnis an die Vormoderne beinah gänzlich überschrieben haben. Doch gehören zur Stadt mit den auf das Mittelalter zurückgehenden Kirchenbauten bedeutende Erinnerungsorte, die Dortmund in seiner weit zurückreichenden Geschichte verorten. Hierzu gehört vor allem die Bedeutung der ehemaligen freien Reichsstadt als wichtige Hansestadt. Aus dem späten Mittelalter stammen herausragende Kunstschätze in den vier Innenstadtkirchen, die einen weit reichenden Handels- und Kulturtransfer bezeugen. Sie bestimmen den »genius loci« entscheidend mit. Doch wem »gehören« diese Kirchen? Wessen Erbe sind sie? Sollen sie Gegenstand kultureller Bildung in einem Einwanderungsland sein?

In einer Stadt wie Dortmund sind die historischen Kirchen in der Innenstadt die einzigen authentischen Bauwerke, die an die vormoderne Geschichte erinnern. Sie schultern damit die Überlieferungslast der gesamten, eben nicht nur der kirchlichen, Geschichte vor Beginn der Industrialisierung. Vom konkreten Beispiel absehend und in einem weiteren Radius formuliert: Es gibt selbstredend europäische Städte mit Synagogen, Moscheen, Hindu-Tempeln et cetera. Es gibt aber keine europäische Stadt ohne Kirche, kein europäisches Dorf ohne Kirche oder Kapelle. Es sind die Kirchenbauten, die maßgeblich die Europäizität der Städte und Dörfer markieren.[9] Sie zu kennen und zu verstehen, ist also unverzichtbar für ein Verständnis Europas, mindestens seiner Geschichte, doch wohl auch seiner topographischen und städtebaulichen Strukturen. Wie aber kann das gelingen in einem Einwanderungsland, in einer Gesellschaft, die sehr weitflächig von Kirchenferne und von Gruppen anderer Religionen imprägniert ist? Wie kann überhaupt Identifikation mit ererbten Erinnerungsorten in einer Zuwanderungsgesellschaft gelingen?

Nur wenige stellvertretende Zahlen: In Nordrhein-Westfalen hat jeder vierte Bewohner einen Migrationshintergrund, unter den 15- bis 24jährigen gilt dies – wie insgesamt deutschlandweit – für 30%, im Ruhrgebiet bereits für 40%.[10] In Baden-Württemberg beträgt der Anteil der Personen mit Migrationshintergrund innerhalb der Schulbevölkerung gegenwärtig (2010/2011) 35%, in der Altersgruppe der 0-5jährigen bereits 41%, wobei die Anteile je nach Landesteil zwischen 20%

und 70 % liegen.¹¹ In Deutschland leben insgesamt ca. 3,8-4,3 Millionen Muslime. Sie stellen nach der katholischen und den evangelischen Kirchen die drittgrößte religiöse Gruppe in diesem Land dar.¹²

Die Bewertung etwa der Dortmunder Innenstadtkirchen als Erinnerungsorte, als fester Bestandteil des »genius loci«, geht von einem gesamtgesellschaftlichen Interesse aus. Andersherum formuliert: Die christlichen Gemeinden sind nicht der einzige »Eigentümer« dieser Monumente. Und in der Tat ist ja der Denkmalbegriff der Moderne – der gerade auch der Vorstellung des Welterbes der UNESCO zugrunde liegt – ein säkularer. Keine Gruppe hat ein Eigentumsrecht, das sie absolut setzen darf. Vielmehr gilt es, die Monumente als »Erbe aller Menschen« zu erhalten. Kirchen in europäischen Städten sind also doppelt codierte Orte: In der einen Codierung sind sie Orte des Gottesdienstes und – wie man sagen könnte – Zeugnis der Geschichte Gottes mit den Menschen. In der anderen Codierung sind sie Kulturorte, Zeugnisse europäischer Geschichte und Kultur. Insbesondere die neuere Forschung macht darauf aufmerksam, dass Kirchen in der Vormoderne nicht nur dem kirchlichen Leben dienten, sondern zugleich wichtige soziale und politische Orte waren. Sie können daher – auf der Basis aktueller wissenschaftlicher Erkenntnisse – in breit abgesicherter Weise als Erinnerungsorte des vormodernen Lebens gelesen werden. Wie aber lässt sich dieser Bildungsauftrag in einem Einwanderungsland auf eine Weise annehmen, der die Heterogenität der Zugangsweisen nicht nur in Kauf nimmt, sondern sogar als Bereicherung würdigt: wie dies gerade die Konvention von Faro als Verpflichtung entwirft?¹³

Für die Kunstgeschichte als Referenzwissenschaft für die Vermittlung des europäischen Kulturerbes bedeutet diese Situation einerseits die Weitung des Blickes auf außereuropäische (genauer: nicht-abendländische) Kulturen und ein Aufbrechen der eurozentrischen Narrative.¹⁴ Für die kulturelle Überlieferung in den Dortmunder Innenstadtkirchen ist hier konkret eine Hanseforschung gefragt, die Fernhandel und Kulturtransfer in den Blick nimmt.¹⁵ Ein Beispiel aus Dortmund kann eine mögliche Richtung aufzeigen. Auf dem Berswordt-Retabel, einem bedeutenden Werk altdeutscher Kunst aus den Jahren um 1385 in der Dortmunder Marienkirche, zeigt das Flügelgemälde mit der Kreuzabnahme Joseph von Arimathäa in einem Gewand aus einem kostbaren Gewebe (Abb. 1). Dieses Gewebe lässt sich identifizieren: Es handelt sich um einen Stoff, der aus Zentralasien importiert wurde. Im Bild, das das Wappen einer bedeutenden Dortmunder Fernkaufleute-Familie trägt, ist also der Fernhandel mit »panni tatarici«, wie diese Gewebe in zeitgenössischen Quellen heißen, indirekt, aber sehr wirkungsvoll zur Anschauung gebracht.¹⁶ Während in Dortmund solche Paramente nicht mehr erhalten sind, befinden sich in den Paramentenschätzen aus der Nikolaikirche in

Stralsund und aus der Marienkirche in Danzig/Gdańsk Gewänder aus derartigen Stoffen. Im Danziger Schatz sind eine Reihe von Geweben erhalten, die arabische Inschriften tragen (Abb. 2).[17] In den Hansestädten dokumentierte man – wie etwa auch der Fund eines syrischen (ägyptischen?) Glasbechers in Lübeck belegt[18] – selbstbewusst den Handel mit dem nahen und fernen Orient. Dabei wird auch immer wieder deutlich, dass man Objekte aus der islamischen Welt als besondere Kostbarkeiten wertschätzte. Für kulturelle Bildungsprozesse ergeben sich aus solchen Forschungen aussagekräftige Bezugspunkte für das interkulturelle Gespräch. Neben identitäts-abstrakte Erzählungen treten identitätskonkrete Anknüpfungen an die Herkunftsländer und -kulturen der Kinder mit Migrationshintergrund. Und in der Tat ließ sich in ungezählten Vermittlungssituationen der Stolz der Kinder beobachten, dass das Land ihrer Familie oder der Familie ihrer Freunde zur Schönheit der mittelalterlichen Kunstwerke in Dortmund und damit der Stadt, in der sie nun leben und aufwachsen, beigetragen hat. Eine solche Herangehensweise setzt auf der wissenschaftlichen Seite allerdings mindestens zweierlei voraus: die Zeitgenossenschaft der Forschung, die sich an eine gewandelte Öffentlichkeit adressiert, und die Einbeziehung des Kunsthandwerks in den Objektbestand, von dem ausgehend historische Modelle entwickelt werden. Selbst Gemälde werden ikonographisch anders gelesen, wenn die gezeigte Objektwelt als Teil der Bildaussage ernstgenommen wird: Man sollte meinen, dies sei eine Selbstverständlichkeit, wenn man von Fernkaufleuten beauftragte

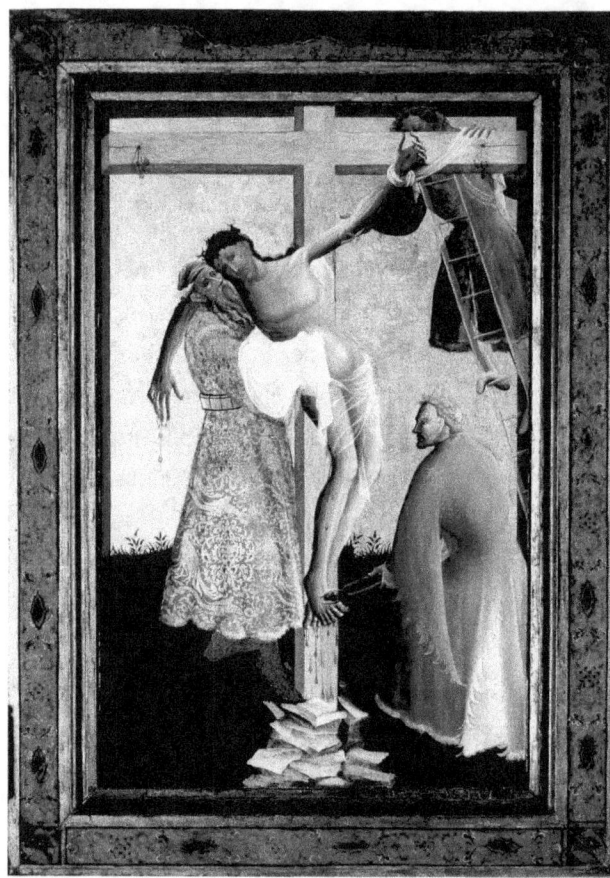

Abb. 1 Berswordt-Retabel in der Marienkirche, Dortmund, um 1385, linker Flügel mit der Kreuzabnahme. (Foto: Rüdiger Glahs und Diethelm Wulfert, Dortmund)

Kunstwerke verstehen will. Auch die europäischen Höfe sammelten Luxusgüter sprichwörtlich aus aller Welt (also aus den durch Handelswegen erschlossenen Kontinenten); die großen Kirchenschätze standen diesem Reichtum in Nichts nach.[19]

Es sind, so wird man vielleicht sagen dürfen, die zeitgenössischen Bildungsherausforderungen, die der kunsthistorischen Forschung wichtige Perspektiven eröffnen können, sie herausfordern, in ihren Diskursen in Zeitgenossenschaft zur Gegenwart zu treten.[20] Dies gilt nicht nur für bildwissenschaftliche Fragen – für die dies wohl allgemein bewusst sein dürfte –, sondern gerade auch für die Überlieferung des kulturellen Erbes und die gegenwartsbezogene Aneignung der europäischen Städte. Ohne die fachwissenschaftliche Einmischung aber dürften diese Objekte heute kaum mehr aufschließbar sein. Die Kunstwerke, Bauten, Museen – mithin der ganze Kosmos kunsthistorischer Überlieferung und auch der Gegenwartsarchitektur und Kunst – gehören zur »Welt«, sie zu kennen ist »Weltwissen«.[21] Den Naturwissenschaften ist es in den letzten Jahren zunehmend und erfolgreich gelungen, in zahlreichen Programmen und Publikationen, auch einer ganzen Produktpalette, den Wissensdurst und Forschergeist von jungen Menschen (und deren Eltern) anzusprechen. Da werden mit Lupen Käfer bestaunt, mit Fernrohren Sterne studiert, mit Chemiebaukästen Experimente durchgeführt et cetera. Wie also lässt sich dieser Forschergeist auch für Kunst, Architektur und Kunstgeschichte wecken?

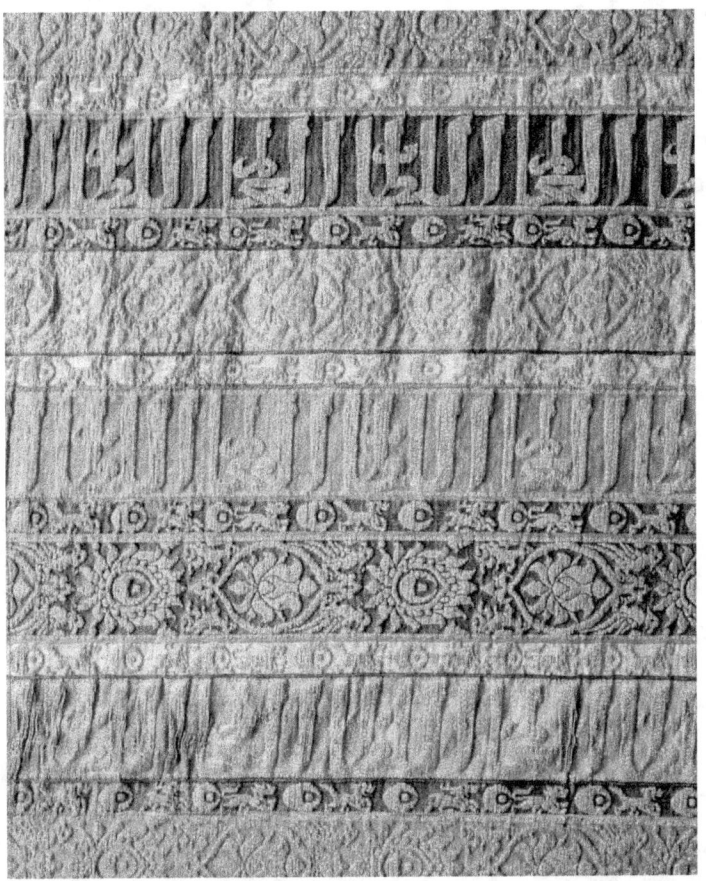

Abb. 2 Seidenstoff mit arabischer Inschrift, zentralasiatisch, 14. Jahrhundert, verarbeitet in einem liturgischen Gewand aus dem Danziger Paramentenschatz, St. Annen-Museum, Lübeck. (Foto: Birgitt Borkopp-Restle, Bern)

Seit 2007 werden vom Arbeitsgebiet Kunstgeschichte an der Technischen Universität Dortmund regelmäßig Veranstaltungen der KinderUni in den vier Innenstadtkirchen durchgeführt (bisher sechs Folgen mit je vier Veranstaltungen, eine Projektwoche mit acht Veranstaltungen im Jahr 2009 sowie immer wieder einzelne Veranstaltungen, etwa zum Weltkulturtag im Mai 2012; Abb. 4).[22] Die Kirchen werden zum Hörsaal, sie werden in den Veranstaltungen als Erinnerungsorte aktiviert. Die einzelnen Veranstaltungen gliedern sich für die Kinder (Zielgruppe: 8-12 Jahre) in einen Vorlesungsteil, den Dozentinnen und Dozenten des Seminars für Kunst und Kunstwissenschaft der TU Dortmund bestreiten, und einen Seminarteil, den Studierende des Lehramtsstudienganges Kunst durchführen. Hier findet die curriculare Integration der Wissenschaftskommunikation in das kunstwissenschaftliche Fachstudium statt, das regelmäßig eine Veranstaltung »Kunstgeschichte und Vermittlung« vorsieht.[23] Die Forschungen zum kulturellen Gedächtnis heben sämtlich auf die gemeinschaftsstiftende Funktion kultureller Erinnerungsorte ab.[24] Hierzu zählt auch unverzichtbar das Generationen übergreifende Gespräch. Die Veranstaltungen der KinderUni sind daher begleitet von Veranstaltungen einer Eltern- und LehrerUni. Während die Kinder in ihren Seminaren sind, erhalten die Erwachsenen eine eigens für sie konzipierte Vorlesung, die noch einmal kunsthistorische Inhalte vertieft, aber auch die Konzepte und

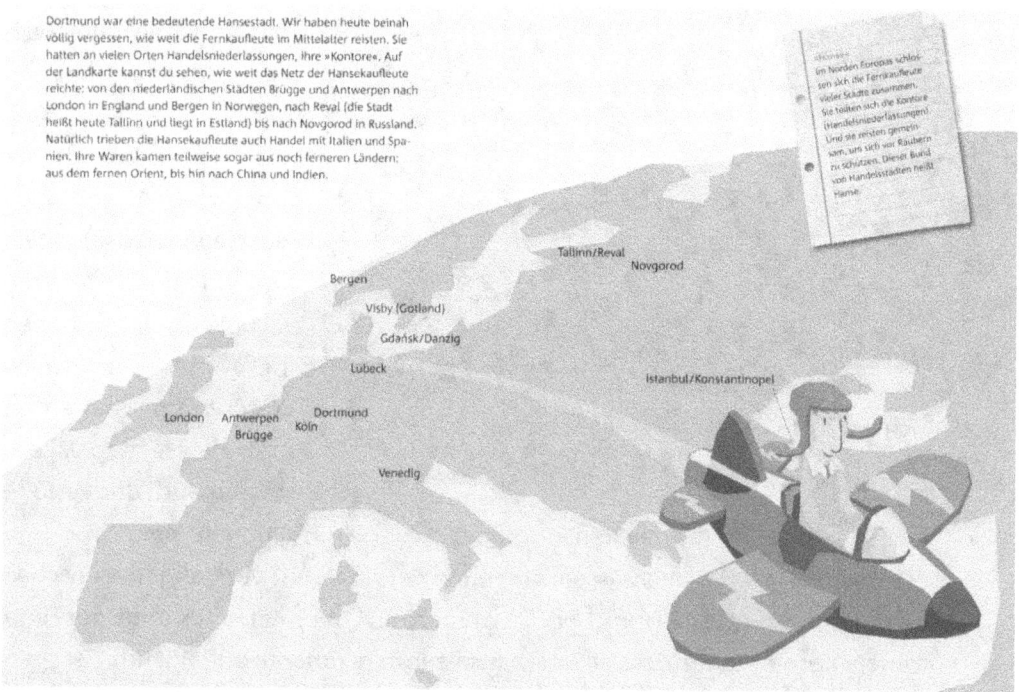

Abb. 3 »Dortmund entdecken. Schätze und Geschichten aus dem Mittelalter.« 2008.
Buchseite: Professor Oskar Francke unterwegs auf den Spuren der Hanse. (Gestaltung: Frank Georgy, Köln)

Legitimationen kultureller Bildung erläutert. 2011/12 wurde die KinderUni durch einen in Kooperation mit der Thalia-Buchhandlung durchgeführten Wettbewerb ergänzt, bei dem ein Bild eingereicht werden sollte. Als Preise ausgelobt wurden Büchergeschenke, aus der Sicht kultureller Bildung ein Anreiz zu weiterer Lektüre. Die Bilder der Gewinner wurden für mehrere Wochen in einem Schaufenster der Buchhandlung ausgestellt und präsentierten das Projekt so mitten in der zentralen Dortmunder Einkaufsstraße.[25]

Eine entscheidende Rolle in diesem Projekt spielt Professor Oskar Francke, ein fiktiver Professor für Kunstgeschichte an der Dortmunder Universität. Sein Forschungsgebiet ist das Mittelalter in Dortmund, er nimmt die jungen Forscherinnen und Forscher mit auf seine Erkundungen und stiftet sie zum Entdecken ihrer eigenen Stadt an. 2008 wurde er zur Hauptfigur der Publikation »Dortmund entdecken. Schätze und Geschichten aus dem Mittelalter«, ein Stadtführer für Kinder ab acht Jahren.[26] Diese Publikation legt großen Wert auf einen wissenschaftspropädeutischen Zugang und auf »Aufklärung« im Kontext kultureller Bildung.[27] Entscheidend ist ein weiterer Faktor: die Eröffnung der Teilhabe am kulturellen Erbe. Hierzu zählen einerseits das Mapping der eigenen Stadt, in der die Kinder aufwachsen, und andererseits die Anknüpfungspunkte zu den Herkunftskultu-

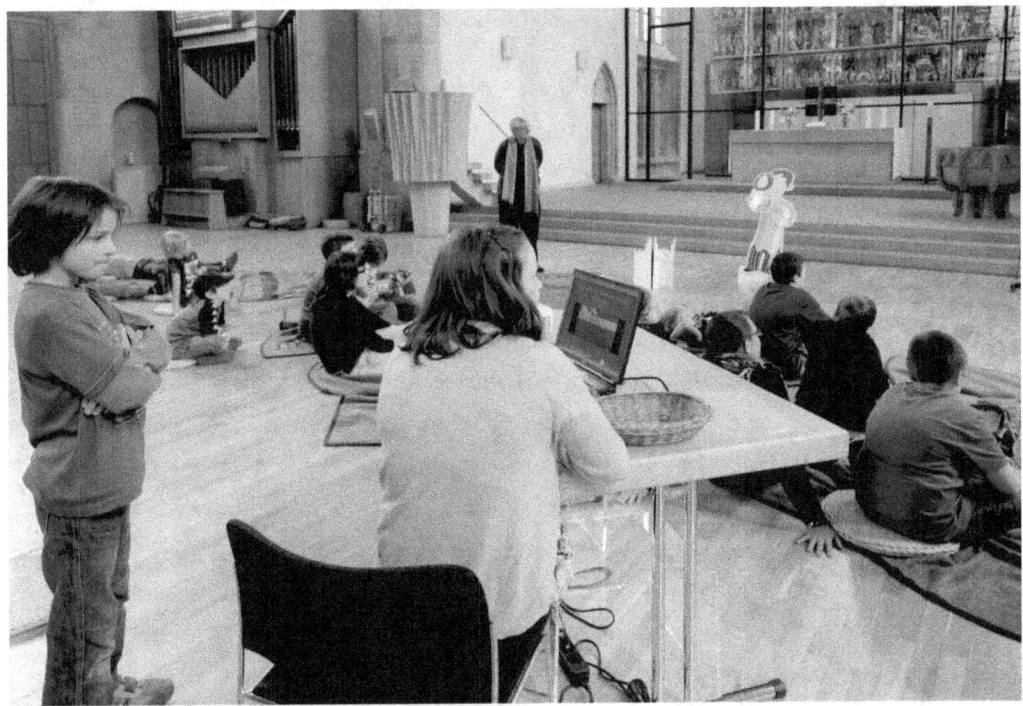

Abb. 4 KinderUni »Dortmund entdecken. Schätze und Geschichten aus dem Mittelalter« in der St. Petrikirche, Dortmund, Mai 2011. (Foto: Jürgen Huhn, TU Dortmund)

ren der Kinder mit Zuwanderungsgeschichte: im Aufzeigen des hansischen Handels mit Textilien aus dem Orient, aber auch der Herkunft der Pigmente, mit denen die Bilder gemalt wurden »aus aller Herren Länder« und Illustrationen, die Dortmund auf einer Landkarte verorten, die beispielsweise auch Istanbul/Konstantinopel zeigt (Abb. 3). Dezidiert wurde kein Schulbuch geschaffen, dessen Inhalte gewissermaßen von vorne nach hinten durchgearbeitet werden sollen. Vielmehr ist ein Buch zum Stöbern und Mitwachsen entstanden, das je nach Interesse, Alter oder Sprachvermögen auf jeder Doppelseite begonnen, beiseitegelegt und wiedervorgenommen werden kann und auch in späteren Jahren noch von Interesse sein soll.

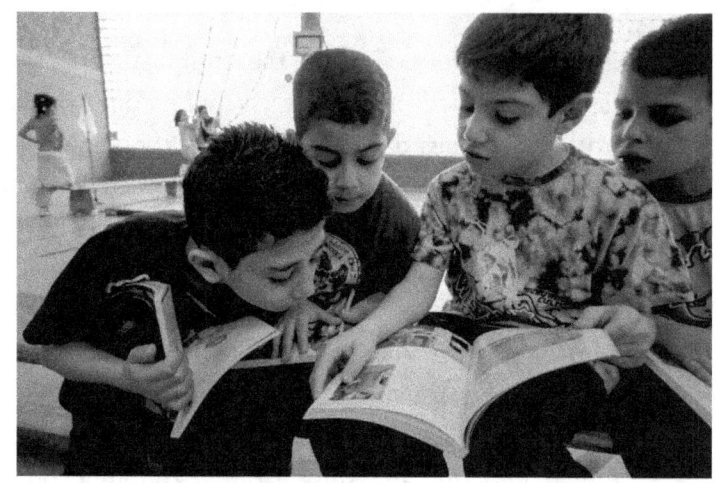

Abb. 5 »Dortmund entdecken. Schätze und Geschichten aus dem Mittelalter.« Buchverteilung in einer Grundschule der Dortmunder Nordstadt, April 2008. (Foto: Jürgen Huhn, TU Dortmund)

Großzügiges bürgerschaftliches Engagement ermöglicht eine in dieser Form in einer deutschen Großstadt wohl einzigartige Bildungsaktion: Das Buch wird seit 2008 an alle Kinder, die in Dortmund das dritte Schuljahr besuchen, verschenkt (Abb. 5).[28] In den vergangenen vier Jahren erhielten Dortmunder Schülerinnen und Schüler – in den Grundschulen, den Förderschulen und auch in den Krankenhausschulen – insgesamt 20.000 Exemplare; inzwischen liegt das Buch in einer dritten Auflage vor (eine weiteres Mal 10.000 Exemplare). Studierende der Technischen Universität Dortmund engagieren sich als »Bücherboten« und bringen die Bücher zu den Kindern. Ziel ist es, die Kinder flächendeckend, unabhängig von sozialer Herkunft, Bildungsniveau, aber auch Profilbildungen und Projekten an den Schulen, zu erreichen. Zugleich wird den Studierenden Wissenschaftskommunikation und Engagement für die gesellschaftliche Vermittlung von Kunstgeschichte als Teil ihrer fachlichen Identität im Studium vermittelt. Nur wenige Zahlen: Eine Jahrgangskohorte Drittklässler bestand 2008 aus 5.400 Kindern, inzwischen umfasst ein 3. Schuljahrgang knapp unter 5.000 Schülerinnen und Schüler. Im Winter 2011/12 waren 115 Studierende als Bücherboten unterwegs und haben an beinah allen der etwa 90 Grundschulen und Förderschulen den Kindern ein Exemplar des Buches überbracht.[29]

Unter dem Titel »Unterwegs in unserer Stadt« hat Rosa Fehr-von Ilten 2007/2008 den Auftakt des Dortmunder Bildungsprojektes mit einer zweiten Klasse begleitet.[30] In der Arbeit mit Dortmunder Kindern, Jugendlichen und oft auch Studierenden ist immer wieder zu beobachten, dass die Innenstadtkirchen nicht zum »Bild« der Stadt gehören. Orientierungspunkte sind vor allem Kaufhäuser, nicht aber die unverwechselbaren Landmarken wie die Kirchen. Es gilt also, diese Erinnerungsorte in die Karten der Stadt einzutragen. Deshalb zeichneten die Zweitklässler Karten des Weges von ihrer Schule zur Marienkirche, sie trugen so die Kirche in ihr »Bild« der Stadt ein (Abb. 6-7). In der Marienkirche fertigten die Schülerinnen und Schüler dokumentarische Zeichnungen der Architektur an, und zwar immer zu zweit von einem Kompartiment des Bauwerks. Diese Zeichnungen wurden dann im Klassenraum wieder zu einem Plan des Gebäudes zusammengesetzt: Erst jetzt wurde die Architektur in ihrer räumlichen Organisation verstanden. In einem zweiten Teilprojekt setzten sich die Schülerinnen und Schüler mit dem Marienaltar des Conrad von Soest auseinander. Im Zentrum

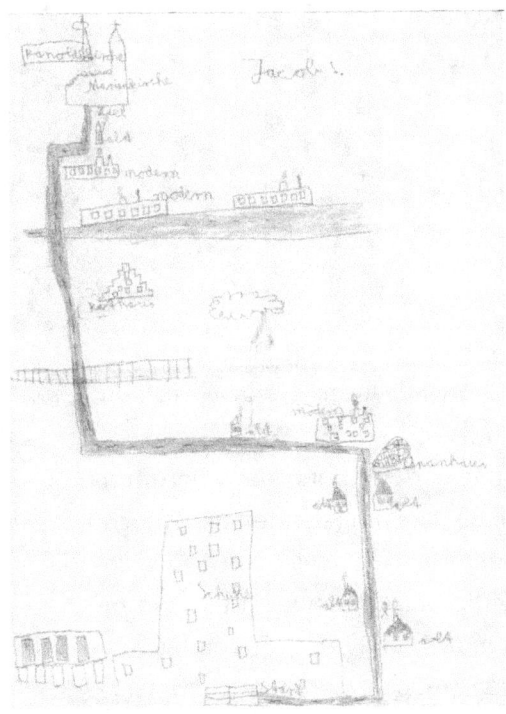

Abb. 6 »Unterwegs in unserer Stadt«
Zeichnung von Jacob S., 2. Schuljahr an der Peter-Vischer-Schule, Winter 2008/2009. (Foto: Michael Ostermann)

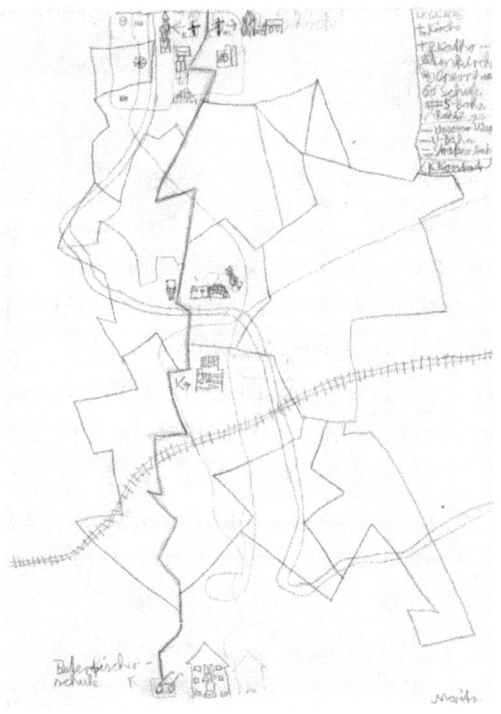

Abb. 7 »Unterwegs in unserer Stadt«
Zeichnung von Moritz, 2. Schuljahr an der Peter-Vischer-Schule, Winter 2008/2009. (Foto: Michael Ostermann)

stand die Darstellung des Marientodes als ein Exemplum gelungenen Sterbens: Maria entschläft friedlich und im Kreis ihrer Nächsten (der zwölf Apostel). Hier ist der große Bereich einerseits der »Bildung durch Bilder«,[31] andererseits der Teilhabe am »Mythenkosmos«, dem Erzählgeflecht der verschiedenen Kulturen, angesprochen. Zahlreiche Kunstwerke halten eindringliche visuelle Verdichtungen grundlegender menschlicher Erfahrungen bereit. Sie zu kennen und »lesen« zu lernen, in ihnen eine Ressource eigener Erfahrungsverarbeitung an die Hand zu bekommen, darf als zentrales Bildungsanliegen bewertet werden.[32] Die Kinder schufen – auf Holztafeln und in Anlehnung an historische Maltechniken – eigene Bildtafeln mit »ihrem« Marientod. Im Kontext der Unterrichtsreihe besuchten sie die KinderUni und arbeiteten mit dem Kinderstadtführer. Einen Höhepunkt bildete die abschließende Ausstellung in der Marienkirche. Sie brachte die Sichtweisen der Kinder – in Zeichnungen, Bildern und Prozessfotos – in die Kirchengemeinde und in die städtische Öffentlichkeit. Bei der Ausstellungseröffnung zeigten die Kinder ihre Arbeiten und die Kirche den Eltern, Großeltern et cetera.

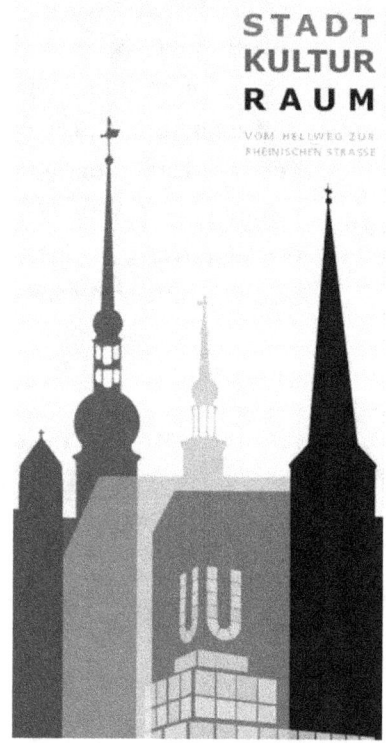

Abb. 8 »StadtKulturRaum. Vom Hellweg zur Rheinischen Straße.« Studienprojekt 2010, TU Dortmund.

Die »Arbeit am Bild der Stadt« war auch Thema eines Studienprojekts des Masterstudiengangs »Kulturanalyse und Kulturvermittlung«[33] an der TU Dortmund im Kulturhauptstadtjahr 2010. Unter der Leitung von Silke Rüsche wurde das Projekt »StadtKulturRaum. Vom Hellweg zur Rheinischen Straße« entworfen und durchgeführt. Dabei ging es um die Kartierung des Dortmunder Westends, das mit der Eröffnung des »Dortmunder U« (des zum »Zentrum für Kunst und Kreativität« umgebauten Kellerhochhauses der Dortmunder Union-Brauerei aus dem Jahr 1926) eine neue Ausrichtung erhalten hat: vom Hellweg, der mittelalterlichen Fernhandelsstraße, hin zur Stadterweiterung nach Westen im Zuge der Industrialisierung. Erarbeitet wurden ein Flyer sowie ein Plan mit einem Stadtspaziergang. Großen Raum nahm die Entwicklung eines Bildes ein, das die überkommenen Landmarken, die vier Innenstadtkirchen, und die neu in Szene gesetzte Landmarke des »Dortmunder U« miteinander verschränkt (Abb. 8). In der Gegenüberstellung mit dem Grundschulprojekt »Unterwegs in unserer Stadt« wird deutlich, wie groß die Spanne zwischen Kinderzeichnung und jugendkulturellem Bild ist. Gleichwohl sind die Bildungsanliegen vergleichbar. Für die Studierenden kam selbstredend die Reflexion über Vermittlungsanliegen und -strategien hinzu.[34]

»Stadtsurfer, Quartierfans & Co.« heißt eine 2009 publizierte Studie, in der das Verhalten von Jugendlichen in ihrer Stadt (in diesem Fall: Hannover) untersucht wurde.[35] Welche Routen nehmen Jugendliche durch ihre Stadt, welches sind die Zielpunkte ihrer Bewegungen? Wo halten sie sich auf, und welche Aufenthaltsorte wünschen sie sich? Erkenntnismittel waren neben Karten und Bewegungsprotokollen Stadtmodelle, die die Jugendlichen entwarfen: Man wollte das Bild, welches sich Jugendliche von ihrer Stadt machen und/oder wünschen, kennenlernen.

Kulturelle Erinnerungsorte, historische Bauten und Kulturdenkmale wurden – ebenso wie Museen oder Theater – nicht als Stationen dieser Topographien kartiert. Sie spielten auch als Orientierungsmarken keine Rolle. Die Stadtsurfer-Studie möchte Stadtplanern Orientierung geben. Dabei setzt sie die erhobenen Befunde absolut. Die in der Auswertung aufgezeigten Perspektiven wollen – abkürzend gesagt – nur auf dem aufbauen, was die befragten Jugendlichen kartiert haben. Bildung und das Eröffnen kultureller Teilhabe, die den Zugang zur kulturellen Überlieferung und zu Orten der »Hochkultur« einschließt, kommen in diesem Konzept nicht vor. Damit ist die Studie zugleich Zeugnis wie Agent jenes Reißens der Überlieferung, dem Holger Noltze kürzlich in seiner Polemik »Die Leichtigkeitslüge« so engagiert den Anspruch einer Kulturvermittlung, welche sich der Komplexität der Phänomene aussetzt, entgegengehalten hat.[36]

Doch wie kann eine Arbeit am Bild der Stadt zusammen mit Jugendlichen aussehen? Wohl unstrittig ist, dass eine Kulturvermittlung ausgedient hat, welche die Sichtweisen »der Alten« oder des »Bildungsbürgertums« reproduzieren möchte. Gleichwohl ist Kulturvermittlung kein Peer-group-learning; sie zielt nicht auf die Binnenkommunikation einer In-Group. Vielmehr zirkulieren kulturelle Überlieferungen in der Kommunikation zwischen den Generationen, mehr noch: Sie benötigen den Zugang zu jenen Wissensbeständen, die nicht nur im kommunikativen Gedächtnis aufgehoben sind, sondern weiter als drei Generationen zurückreichen. Es geht um nichts weniger als den Zugang zu Schriftkultur und Kulturellem Erbe.[37]

Es gilt also, einen Dialog zwischen dem Reichtum der Überlieferung und des Wissens über diese Überlieferung auf der einen Seite und den Blickweisen und Fragen von Jugendlichen – und man darf nachdrücklich ergänzen: von Studierenden[38] – auf der anderen zu wagen. Dabei werden notwendigerweise andere

Fragen gestellt, andere Interessen formuliert et cetera. Zum Dialog gehört dabei selbstverständlich die Neugier der Älteren auf Fragen und Sichtweisen der Jüngeren. Man kann das auch so formulieren: Finden Jugendliche, sofern man sie dorthin einlädt, einen Ort wie die Stadtkirche St. Reinoldi in Dortmund interessant, spannend, ein lohnendes Objekt ihrer erkundenden Aufmerksamkeit? Was interessiert sie dann? Und was sehen sie? Schließlich: Was können sie an diesem Objekt zeigen?

Das Projekt »Bild-Sucher!« wurde im Jahr 2010 von zwei achten Klassen des Max-Planck-Gymnasiums in Dortmund, von mehr als 60 Schülerinnen und Schülern, durchgeführt.[39] Es setzte sich zunächst aus vier Blöcken zusammen: 1. Informationen recherchieren über mittelalterliche Kirchen, konkret über die Reinoldikirche in Dortmund und über den Kölner Dom – 2. zeichnerisches Erkunden von architektonischen Strukturen; Interesse fanden hier vor allem Maßwerkstrukturen, wie sie der Kölner Dom so elaboriert besitzt – 3. das Vorstellen von Architekturfotografien, die gotische Kirchenbauten mit künstlerischer Bildabsicht thematisieren; in Fotografien von Michael Ostermann (Bochum), den die Schülerinnen und Schüler auch persönlich

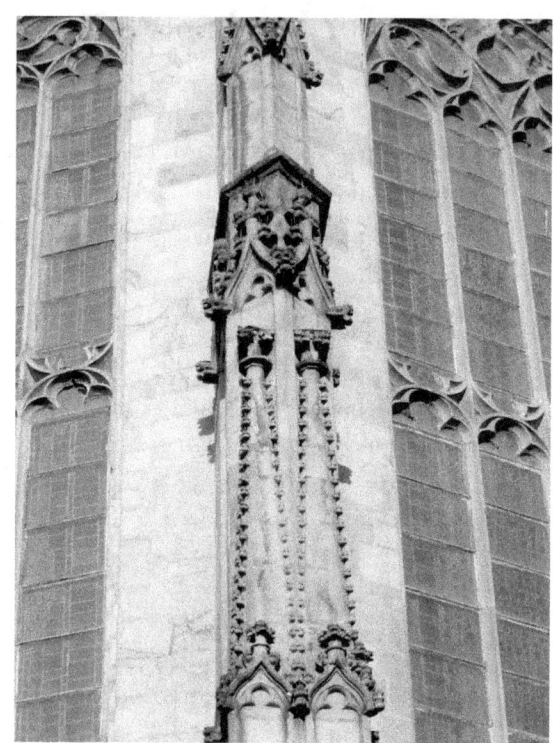

Abb. 9 »Bild-Sucher!«
Foto: Louisa Rodens, 8. Schuljahr am Max-Planck-Gymnasium, Dortmund, Stadtkirche St. Reinoldi in Dortmund, September 2010.

kennen lernten, wurden ungewohnte und formal anspruchsvolle Perspektiven auf solche Bauten und Räume zugänglich gemacht – 4. Ortstermin in der Stadtkirche St. Reinoldi; zeichnerisches und fotografisches Erkunden des Bauwerks und seiner Ausstattung, kunsthistorische Führung. Doch kann ein Projekt, das auf den Dialog zwischen den Generationen und zwischen verschiedenen Gruppen der Gesellschaft setzt, hier nicht enden. Vielmehr gilt es, die Blickweisen der Schülerinnen und Schüler in Dialogen, die die Grenzen der Schule absichtsvoll überschreiten, fruchtbar zu machen. Den zweiten Teil des Projektes bildeten daher »Veröffentlichungen« von ausgewählten Fotos: 1. im »Schaubüro«[40] – 2. in einer Ausstellung in der Stadtkirche St. Reinoldi (Dezember 2010) – sowie schließlich 3. in einer Postkartenserie im Kontext der Initiative »rettetreinoldi«. Wir

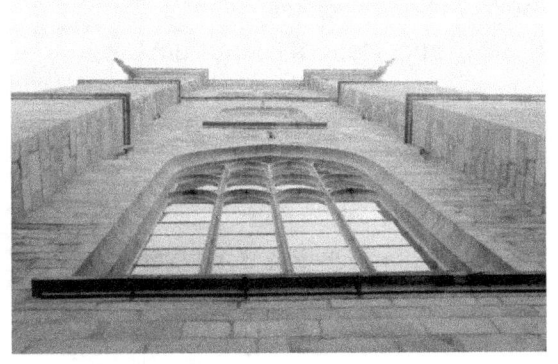

Abb. 10 »Bild-Sucher!«
Foto: Carlotta Grupe, 8. Schuljahr am Max-Planck-Gymnasium, Dortmund, Stadtkirche St. Reinoldi in Dortmund, September 2010.

haben die Jugendlichen gebeten, ihre Fotografien zu schenken für eine Postkartenaktion. Der Erlös des Postkartenverkaufs kam und kommt dem Erhalt und den Restaurierungsmaßnahmen zugute. Die Jugendlichen werden hineingenommen in das bürgerschaftliche Engagement zum Erhalt der Kulturdenkmale, sie beteiligen sich an der Verpflichtung zu Bewahrung und Weitergabe an künftige Generationen.

Gesucht wurden von den Schülerinnen und Schülern als prägnant empfundene Bilder der Reinoldikirche (Abb. 9-10): der Turm, dessen Höhe und Form es ins Bild zu bringen galt, Untersichten, Platzierungen in der Bildfläche, enge Ausschnitte, welche einen »körperlichen« Eigen-Sinn entfalteten. Erkundet wurden Verwebungen mit dem umgebenden Stadtraum: Straßenfluchten, Laternen, Stromleitungen, Bauzäune, in weiteren Fotos Bäume, die Durchblicke gaben, deren Formen mit dem Bau interagierten. In Innenaufnahmen interessierten die Fenster mit ihrem Maßwerk und die Lichtwirkung der farbigen Glasfenster, weiter wurden Raumstimmungen eingefangen. Wichtig waren Detailaufnahmen, die sehr nahe herangingen und dabei Ausschnitte fanden, die sich nicht unmittelbar zuordnen ließen, sondern ihrerseits Raumerkundungen anstifteten. Solche Bilder wurden auch vom Außenbau gemacht. Zahlreiche Fotos suchten Bilder für diejenigen Seiten des Gebäudes, die dem städtischen Treiben eher abgewandt sind. Es waren dies Ansichten, die von

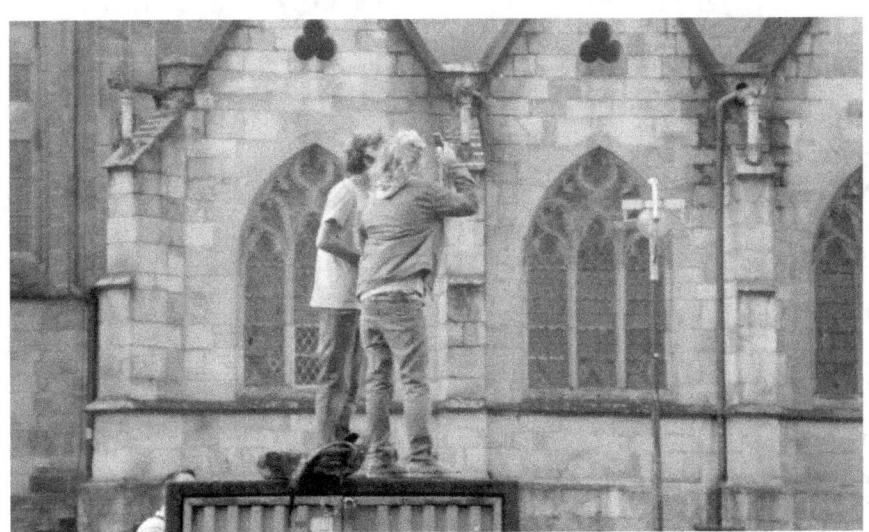

Abb. 11 »Bild-Sucher!«, Foto: Jan Brodde, 8. Schuljahr am Max-Planck-Gymnasium, Dortmund, Stadtkirche St. Reinoldi in Dortmund, September 2010.

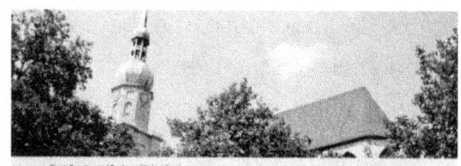
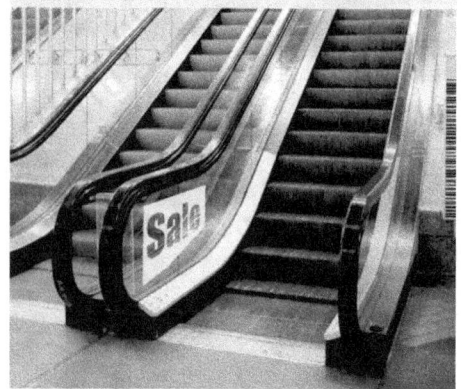

Abb. 12 »Warum ist hier kein Einkaufszentrum? Die Reinoldikirche in Dortmund.« Buchcover 2011 (Gestaltung: Frank Georgy, Köln)

Müllcontainern verstellt wurden (auf die man aber klettern konnte, um bessere Fotos zu machen; Abb. 11), eher versteckte Türen et cetera. Und auch am Außenbau wurden Details in den Fokus gerückt, Ausschnitte mit skulpturalen Bauformen wie das krabbenbesetzte Fialtürmchen (Abb. 9).

Ob diese Bilder – über die Erfahrungen, die die Jugendlichen selbst mit ihnen gemacht haben, hinaus – etwas bewirken? Das liegt an den Rezipienten: Lassen sich etwa Erwachsene zu einem erneuten Hinsehen anstiften? Möchten sie mit den Augen junger Menschen auf Bauwerke schauen, für die sie längst eigene Bilder im Kopf haben? Welche Postkarten bietet eine Kirche ihren Besuchern an? Lassen sich Kunsthistoriker durch solche Bilder in ihren Bildgewohnheiten befragen? Welchen Stellenwert räumen Bildwissenschaftler solchen Bildern ein?

Schaut man aus Sicht der Kunstgeschichte selbstkritisch auf die Visualisierungsstrategien für die fachlichen Gegenstände, wird man eine sehr weitgehende Herauslösung aus lebensweltlichen Zusammenhängen beobachten können.[41] Fotos und Postkarten von kunsthistorisch interessanten Bauten in einer Stadt, etwa der Dortmunder Reinoldikirche, zeigen diese möglichst freigestellt gegenüber ihrer städtischen Umgebung, von einem erhöhten Standpunkt aus, der das Ausblenden des Treibens, der Stromleitungen et cetera erlaubt und stattdessen die architektonische Struktur möglichst aussagekräftig ins Bild bringt. Konsequenter noch und Maßstab gebend werden solche professionellen, fachlichen Bildstrategien in Bildkampagnen von Landesdenkmalämtern oder besonders auch vom Bildarchiv Foto Marburg umgesetzt. Erkauft wird diese professionelle Visuali-

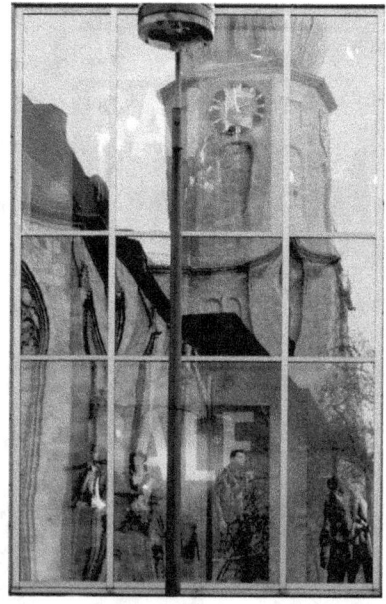

Abb. 13 »Sale«: St. Reinoldi, Dortmund, im städtischen Kontext. (Foto: Uwe Schrader/Lehrstuhl für Kunstgeschichte, TU Dortmund)

sierung mit großer Distanz von der Alltagswahrnehmung in den Städten. Mehr noch: Viele Menschen bringen eine solche fotografische Aufnahme etwa der Reinoldikirche nicht mit eigener Stadtwahrnehmung zur Deckung. Legt man neben ein professionelles Foto der Reinoldikirche Aufnahmen von Studierenden, wird deutlich, dass die jungen Menschen die Freistellung gegenüber der Umgebung nicht vornehmen. Sie wünschen sich auch – wie in intensiven Gesprächen mehr als deutlich wurde – eine Präsentation kunstwissenschaftlicher Forschung, die an ihr Bild von Stadt anschlussfähig ist, sie erwarten die Markierung der Schnittflächen zwischen Alltagswirklichkeit und professionellem Blick. Ein Buchprojekt zur Dortmunder Reinoldikirche nannten Master-Studierende daher »Warum ist hier kein Einkaufszentrum?«[42] Das Cover (Abb. 12) montiert ein stark angeschnittenes Foto der Reinoldikirche, das keine architekturgeschichtlichen Informationen bietet, mit einer Rolltreppe zusammen, ergänzt um einen Barcode und den Werbeslogan »Sale« (Abb. 13).[43] Die Fotos sind schwarzweiß wiedergegeben und so – zumindest in der Wahrnehmung junger Menschen – gegenüber einfachen Dokumentationsfotos, etwa auch mit dem Handy aufgenommen, verfremdet. Wichtig war – durchgängig in der Bildregie des gesamten Buches – ein Dialog mit jugendkultureller Wahrnehmung und Bildinszenierung.

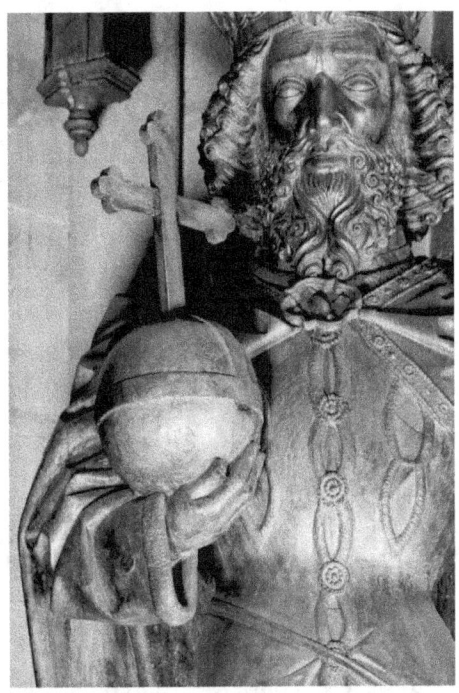

Abb. 14 St. Reinoldi, Dortmund, Skulptur Karls des Großen, um 1470, Ausschnitt.
(Foto: Lehrstuhl für Kunstgeschichte, TU Dortmund)

Die Überbrückung zwischen Fachwissen und Rezeptionsdisposition erwarten diese jungen Menschen – und sie lassen im Gespräch keinen Zweifel an dieser Forderung – von den Wissenschaftlerinnen und Wissenschaftlern, mindestens aber von professionellen Kulturvermittlern, nicht von den Rezipienten und sich selbst. Es greift allerdings zu kurz, diese Erwartung allein auf das »Erklären« wissenschaftlicher Spezialkenntnisse für »Laien« zu reduzieren. Solche Wissenschaftskommunikation zielt häufig auf das Vermitteln komplexer Zusammenhänge in der modernen Welt – gegenwärtig etwa im Kontext von Klimawandel oder Eurokrise.[44] Es geht vielmehr um das Verorten wissenschaftlicher Erkenntnisse in Erkenntnissynthesen, um die Positionierung der

Spezialkenntnisse in den Koordinaten von Orientierungswissen und Zeitgenossenschaft. Helmut Schmidt hat hierfür den prägnanten Begriff der »Bringschuld der Wissenschaften« geprägt.[45] Für das Verhältnis zwischen Kunstgeschichte und Gesellschaft kommt (vergleichbar etwa der Archäologie, kurz: im Gesamtkonzert der Monumentenwissenschaften) noch etwas Entscheidendes hinzu: die Sicherung der Gegenstände selbst – nicht nur der Diskurse über diese Gegenstände – im gesellschaftlichen Bewusstsein.[46] Museen und Denkmalämtern ist die Bewahrung des kulturellen Erbes nachdrücklich anvertraut.[47] Neben den Universitäten (und den außeruniversitären Forschungsinstituten) sind diese Institutionen bevorzugte Orte kunsthistorischer Forschung. Der Erhalt, die schlichte faktische Überlieferung der Objekte, wird – so lässt sich die fachethische Haltung formulieren – nur in der gemeinsamen Anstrengung aller gesellschaftlichen Arbeitsfelder der Kunstgeschichte gelingen können (zu denen im Übrigen auch der Journalismus gehört). Den Universitäten, genauer: den kunsthistorischen Instituten und Professuren, fällt also – in der Zusammenarbeit mit Museen und Denkmalpflege – die methodisch reflektierte, theoretisch fundierte wissenschaftliche In-Wert-Setzung der Objekte zu: in der Forschung, gerade aber auch in der universitären Lehre. Diese ist ein entscheidender Transmissionsriemen in die Zukunft – für die Weitergabe der fürsorglichen Bearbeitung an Jüngere und künftige Generationen.

In der Publikation »Warum ist hier kein Einkaufszentrum?« hat das studentische Team gegen alle Einwände darauf bestanden, von kaum einem der Kunstwerke im Innern der Reinoldikirche eine Gesamtaufnahme, ein im wissenschaftlichen Sinne dokumentarisches Foto, zu zeigen: Wenn man das Werk schon ganz im Foto gesehen habe, sei man nicht mehr neugierig genug, es aufzusuchen. Deshalb wurden aussagekräftige und vor allem »Appetit machende« Details ausgewählt (Abb. 14). Bewusst inszeniert das Buch in seiner Bildregie Leerstellen. Das Buch solle, so die jungen Kulturvermittler, Lust machen, an den Ort zu gehen, die Kunstwerke im Original aufzusuchen. Nur wenn es gelinge, diese Aufmerksamkeit zu erzeugen, könne man schließlich Engagement für die Pflege und den Erhalt der Objekte anstiften. Es gehört – mit anderen Worten – zu den herausfordernden Aufgaben der Wissenschaftskommunikation, das kunsthistorische Wissen und die fachliche Verantwortung für die Objekte und ihre Bewahrung mit dem »Weltwissen« und der Stadtwahrnehmung der Gesellschaft, gerade auch der jungen Menschen, in Dialog zu bringen. Erst deren Beitrag zum Umgang mit dem kulturellen Erbe ist Partizipation im umfassenden Sinne, wie sie die »Konvention von Faro« einfordert: als kulturelles Menschenrecht.

1 Council of Europe Treaty Series – Nr. 199; im Internet leicht zugänglich, etwa über die Liste der Konventionen des Council of Europe: »conventions.coe.int/«; eine deutsche, leider nicht wirklich gelungene Übersetzung als Download auf der Seite des Deutschen Nationalkomitees für Denkmalschutz (www.dnk.de).
Die folgenden Überlegungen stehen im Kontext umfangreicherer Studien und Aktivitäten zu den legitimatorischen Meta-Diskursen der Kunstgeschichte gerade auch in Bildungskontexten. Neben den unten genannten Publikationen, die die hier vorgestellten Dortmunder Projekte begleiten, ist die Mitarbeit an dem Projekt »Shared histories for a Europe without dividing lines« des Europarates zu nennen, das im Frühjahr 2014 abgeschlossen und publiziert werden soll. Dank gilt allen dort beteiligten Experten, namentlich der Projektkoordinatorin Tatiana Milko, Straßburg. Für wichtige Diskussionen zur Konvention von Faro und den hier berührten Fragen danke ich Gabi Dolff-Bonekämper, Berlin, die als Expertin an der Erarbeitung der Faro-Konvention mitgewirkt hat.

2 Alle diese Konventionen sind im Internet leicht zugänglich; die »Allgemeine Erklärung der Menschenrechte« auch in zahlreichen Buchpublikationen; die »European Cultural Convention«: Council of Europe Treaty Series – Nr. 18.

3 Auch diese Charta ist im Internet leicht zugänglich; etwa über ICOMOS.

4 »Übereinkommen zum Schutz des Kultur- und Naturerbes der Welt«; im Internet leicht zugänglich, siehe etwa den Internetauftritt der Deutschen UNESCO-Kommission.

5 Auch diese völkerrechtliche Konvention ist im Internet leicht zugänglich; institutionell in Deutschland zuständig ist das Bundesamt für Bevölkerungsschutz und Katastrophenhilfe.

6 Framework Convention on the Value of Cultural Heritage for Society (wie Anm. 1).

7 Referenzdokument ist hier – neben anderen internationalen und nationalen Dokumenten – seit 2008 das »White Paper on Intercultural Dialogue« des Europarats: »Living Together as Equals in Dignity«. Für die Diskussion zur Kulturellen Bildung vgl. den Beitrag von Klaus Krüger und Karin Kranhold in diesem Band.

8 Die folgenden Ausführungen stehen im Kontext zweier breit angelegter Projekte: erstens ein Forschungsprojekt zur mittelalterlichen Stadtkultur, das ich seit 2003 zusammen mit Thomas Schilp moderiere. In einem Zyklus von Tagungen und Publikationen wurden zahlreiche Erinnerungsorte der Stadt Dortmund, die auf das Mittelalter zurückgehen, interdisziplinär bearbeitet. Zentrales Anliegen war dabei immer auch die Vermittlung in die interessierte Öffentlichkeit; Wissenschaftskommunikation spielt für das gesamte Projekt eine wichtige Rolle. Die »Dortmunder Mittelalter-Forschungen« umfassen mittlerweile 15 Bände, stellvertretend genannt seien hier Matthias Ohm/Thomas Schilp/Barbara Welzel (Hg.), Ferne Welten – Freie Stadt. Dortmund im Mittelalter (Dortmunder Mittelalter-Forschungen 7), Ausstellungskatalog Dortmund 2006, Bielefeld 2006 und Thomas Schilp und Barbara Welzel (Hg.), Dortmund und die Hanse. Fernhandel und Kulturtransfer (Dortmunder Mittelalter-Forschungen 15), Bielefeld 2012. In den »Dortmunder Exkursionen zur Geschichte und Kultur« sind bisher drei Bände erschienen, zuletzt Thomas Schilp und Barbara Welzel (Hg.), Die Marienkirche in Dortmund, Bielefeld 2012. Zur Überschreibung des Mittelalters durch die Industrialisierung Thomas Schilp und Barbara Welzel (Hg.), Mittelalter und Industrialisierung. St. Urbanus in Huckarde (Dortmund Mittelalter-Forschungen 12), Bielefeld 2009. Zweitens ist das weit verzweigte Projekt zu kunsthistorischer Bildung am Seminar für Kunst und Kunstwissenschaft der Technischen Universität Dortmund zu nennen, aus dem die hier vorgestellten Teilprojekte stammen. Steter Begleiter ist Klaus-Peter Busse. Am Aufbau des Projektes war maßgeblich Birgit Franke beteiligt.

9 Vgl. in diesem Kontext auch die »Leipzig Charta zur nachhaltigen europäischen Stadt«, angenommen im Rahmen des informellen Ministertreffens zur Stadtentwicklung und zum territorialen Zusammenhalt der Europäischen Union am 24./25. Mai 2007; leicht im Internet zugänglich; in Deutschland zuständige Institution ist das Bundesministerium für Verkehr, Bau und Stadtentwicklung. Einen anderen, ebenfalls sehr wichtigen, Zugriff auf das europäische Erbe und kunstgeschichtliche Bildung formuliert der »Florentiner Appell. Ein starkes Zeichen für Europa: Kunstgeschichts-Unterricht in den Ländern der Union«, im Internet zugänglich etwa über die Homepage des Verbandes Deutscher Kunsthistoriker; siehe auch den Wiederabdruck in diesem Band.

10 Jugendliche und junge Erwachsene in Nordrhein-Westfalen. Statistik kompakt 1/2012, Information und Technik Nordrhein-Westfalen, Geschäftsbereich Statistik; vgl. auch Schichten einer Region. Kartenstücke der räumlichen Struktur des Ruhrgebiets, hg. von Christa Reicher/Klaus R. Kunzmann/Jan Polívka/Frank Roost/Yasemin Utku/Michael Wegener, Berlin 2011, hier S. 110f.

11 »Herkunft und Bildungserfolg«. Empfehlungen für bildungspolitische Weichenstellungen in der Perspektive auf das Jahr 2020. Ministerium für Kultur, Jugend und Sport, Baden-Württemberg, Expertenrat unter der Leitung von Jürgen Baumert, April 2011, S. 35.

12 Hilfreich ist der Internetauftritt der Deutschen Islam Konferenz: www.deutsche-islam-konferenz.de (letzter Zugriff 30.11.2012).

13 Framework Convention on the Value of Cultural Heritage for Society (wie Anm. 1).

14 Vgl. stellvertretend Barbara Welzel, »Geht Ihr auch in eine Moschee?« Kirchen und ihre Ausstattungen als kulturelle Erinnerungsorte, in: Pro Remedio et salute anime peragemus. Totengedenken am Frauenstift Essen, hg. von Thomas Schilp (Essener Forschungen zum Frauenstift 6), Essen 2008, S. 289-301; dies., Das Museum als Denkwerkstatt: Christliche Kunst im transkulturellen Gespräch, in: »Luft

unter die Flügel...« Beiträge zur mittelalterlichen Kunst. Festschrift für Hiltrud Westermann-Angerhausen, hg. von Andrea von Hülsen-Esch und Dagmar Täube, Hildesheim/Zürich/New York 2010, S. 1-10; dies., Christliche Kunst im transkulturellen Gespräch? Beobachtungen, Thesen, Fragen, in: Rottenburger Jahrbuch für Kirchengeschichte 30 (2011 [2012]), (im Druck).

15 Vgl. hierzu zuletzt Thomas Schilp und Barbara Welzel (Hg.), Dortmund und die Hanse (wie Anm. 8).

16 Zu den »panni tatarici« auf dem Berswordt-Retabel vgl. Annemarie Stauffer, Exotische Muster – Die Gewebedarstellungen auf dem Berswordt-Altar, in: Andrea Zupancic und Thomas Schilp (Hg.), Der Berswordt-Meister und die Dortmunder Malerei um 1400. Stadtkultur im spätmittelalterlichen Dortmund (Veröffentlichungen des Stadtarchivs Dortmund 18), Bielefeld 2002, S. 135-137; dies., Kostbare Gewebe, in: Schilp/Welzel, Die Marienkirche (wie Anm. 8), S. 79-83.

17 Zur reichen Überlieferung in Stralsund zuletzt Juliane von Fircks, »Aus dem Königreich der Tartaren«. Orientalische Luxusgewebe im hansestädtischen Kontext, in: Schilp/Welzel, Dortmund und die Hanse (wie Anm. 8) S. 139-163; zum Danziger Paramentenschatz zuletzt: Birgitt Borkopp-Restle, Der Paramentenschatz der Marienkirche zu Danzig. Die textile Ausstattung der Hauptpfarrkirche eines Hansezentrums, in: ebenda S. 115-138. Ich danke Birgitt Borkopp für intensive und Augen öffnende Gespräche zur Überlieferung orientalischer Kunstwerke in abendländischen Kirchenschätzen und in den Museen für Angewandte Kunst.

18 Goldemailglas (fragmentiert), syrisch oder ägyptisch 13. Jahrhundert, Lübeck, Bereich Archäologie und Denkmalpflege; Peter Steppuhn, Ein islamisches Goldemailglas aus Lübeck, Königstraße 32, in: Archäologie des Mittelalters und Bauforschung im Hanseraum. Festschrift für Günter P. Fehring, hg. von Manfred Gläser, Rostock 1993, S. 479-484; vgl. Birgit Franke und Barbara Welzel, Auf den Spuren Marco Polos und John Mandevilles. Wunderdinge, Weltwissen und Bilderwelten, in: Schilp/Welzel, Dortmund und die Hanse (wie Anm. 8), S. 165-196.

19 Stellvertretend Barbara Welzel, Kirchliche Schatzkunst: Kulturelle Teilhabe in einem Einwanderungsland, in: Clemens M. Bayer/Dominik Meiering/Martin Seidler/Martin Struck (Hg.), Schatzkunst in rheinischen Kirchen und Museen, Regensburg 2013 (Druck in Vorbereitung). Wichtige Referenz solcher Forschungen kann noch immer Michael Baxandall sein: Die Wirklichkeit der Bilder. Malerei und Erfahrung im Italien des 15. Jahrhunderts (1972), Frankfurt am Main 1977 und spätere Auflagen.

20 Vgl. stellvertretend Barbara Welzel, Essener Dom und Schatzkammer: Kulturelles Erbe Europas, in: Frauen bauen Europa. Internationale Verflechtungen des Frauenstifts Essen, hg. von Thomas Schilp (Essener Forschungen zum Frauenstift 9), Essen 2011, S. 13-24; dies., Wissenschaft vor Ort. Die Vermittlung von kulturellem Erbe an Kinder und Jugendliche, in: Deutsches Nationalkomitee für Denkmalschutz (Hg.): Kommunizieren – Partizipieren. Neue Wege der Denkmalvermittlung (Schriftenreihe des DNK 82), Bonn 2012, S. 155-160.

21 Der Begriff des Weltwissens wurde von Donata Elschenbroich in die Bildungsdebatte eingeführt: Weltwissen der Siebenjährigen. Wie Kinder die Welt entdecken können, München 2001 und zahlreiche spätere Auflagen. Elschenbroich integriert in ihr anspruchsvolles Bildungspanorama allerdings kaum Erinnerungsorte und kulturelles Erbe. In den Kontext kunsthistorischer Bildung übertragen in: Barbara Welzel (Hg.), Weltwissen Kunstgeschichte. Kinder entdecken das Mittelalter in Dortmund. (Dortmunder Schriften zur Kunst/Studien zur Kunstdidaktik 10), Norderstedt 2009.

22 Die Veranstaltungsfolge wird regelmäßig mit einer Reihe von Kooperationspartnern durchgeführt: Conrad-von-Soest-Gesellschaft, Stadtarchiv Dortmund, Evangelische Kirche in Dortmund und Lünen, Katholische Stadtkirche Dortmund; allen Beteiligten sei an dieser Stelle sehr herzlich gedankt. Diese Kooperation dient nicht nur der praktischen Realisierung des Projekts, sondern zugleich der Vernetzung von kultureller Bildung und Wissenschaftskommunikation in der Stadtöffentlichkeit. Geleitet habe ich diese Veranstaltungen bisher zusammen mit Birgit Franke, Stefan Rath und Niklas Gliesmann; eine Veranstaltung zur Restaurierung des »Goldenen Wunders«, des monumentalen Antwerpener Importretabels, in der Petrikirche habe ich zusammen mit der Restauratorin Susanne Erhards durchgeführt. Mitorganisiert wurde die KinderUni von Ole Lünnemann und Stephanie Bolsinger vom Referat Hochschulkommunikation, inzwischen von Candan Bayram und Anna Fizek vom Referat Hochschulmarketing der TU Dortmund, unterstützt in den letzten Jahren von Nicola van der Wal, Silke Rüsche, Sarah Hübscher, Hannah Sobbe und Franziska Neumann. Ihnen allen gebührt herzlicher Dank. Großer Dank gilt auch den beteiligten Studierenden.

23 Diese Pflichtveranstaltung wird auch im Zusammenhang mit dem Projekt »Denkwerkstatt Museum« angeboten, in dem die Studierenden seit 2010 jährlich einen Projekttag mit Schülerinnen und Schülern des 11. Jahrgangs des Heinrich-Heine-Gymnasiums Dortmund (Projektpartner Heinz Udo Brenk) in der Kunstsammlung Nordrhein-Westfalen vorbereiten und durchführen. Als weiteres Projekt in diesem Zusammenhang wurde im Schuljahr 2011/12 in Kooperation mit der Wüstenrot Stiftung das Projekt »Stadtspäher« mit Hagener Schulen durchgeführt; vgl. Wüstenrot Stiftung (Hg.): Stadtspäher. Baukultur in Schule und Universität. Klaus-Peter Busse und Barbara Welzel mit weiteren Autoren (in Vorbereitung); im Schuljahr 2012/13 findet eine zweite Phase des Stadtspäher-Projektes mit dem Dortmunder U im Zentrum statt. Hier geht es um baukulturelle Bildung und die modellhafte Implementierung des Quercurriculums Baukultur. Gebaute Umwelt. Curriculare Bausteine für den Unterricht, hg. von der Wüstenrot Stiftung, Ludwigsburg 2010. Dank gilt Kristina Hasenpflug

von der Wüstenrot Stiftung und dem Stadtspäher-Büro mit Christopher Kreutchen und Ann-Kristin Malik sowie allen beteiligten Lehrerinnen und Lehrern, Schülerinnen und Schülern sowie Studierenden.

24 Zum diskursiven Rahmen vgl. stellvertretend: Pierre Nora (Hg.) Les Lieux de mémoire, 8 Bde., Paris 1984ff; als deutsches Projekt: Etienne François/Hagen Schulze (Hg.), Deutsche Erinnerungsorte, 3 Bde., München 2001; grundsätzlich auch Jan Assmann, Das kulturelle Gedächtnis. Schrift, Erinnerung und politische Identität in frühen Hochkulturen, München 1992; Otto Gerhard Oexle, Memoria als Kultur, in: ders. (Hg.), Memoria als Kultur (Veröffentlichungen des Max-Planck-Instituts für Geschichte 121) Göttingen 1995, S. 9-78; Gabi Dolff-Bonekämper, Denkmaltopographien, Erinnerungstopographie und Gedächtniskollektive, in: Thomas Schilp/Barbara Welzel (Hg.), Die Dortmunder Dominikaner und die Propsteikirche als Erinnerungsort (Dortmunder Mittelalter-Forschungen 8), Bielefeld 2006, S. 361-374; Aleida Assmann, Erinnerungsräume. Formen und Wandlungen des kulturellen Gedächtnisses, München 1999; Harald Welzer, Das kommunikative Gedächtnis. Eine Theorie der Erinnerung, München 2002.

25 Ich danke Gabriele Förster von der Thalia-Buchhandlung Westenhellweg sehr herzlich für das gemeinsame Entwickeln dieses Wettbewerbs; er findet im Winter 2012/13 eine Fortsetzung mit der Filiale in der Thiergalerie, hier danke ich Jutta Schneider.

26 Birgit Franke und Barbara Welzel mit Illustrationen von Frank Georgy, Dortmund entdecken. Schätze und Geschichten aus dem Mittelalter (Dortmunder Mittelalter-Forschungen 11), Bielefeld 2008, 2. Auflage Bielefeld 2009, 3. Auflage 2012. Ausführliche Erläuterung zu Entstehung und Konzept dieses Buches in Welzel, Weltwissen Kunstgeschichte (wie Anm. 21). Hier auch ein Interview mit Frank Georgy über das Entwickeln der Figur.

27 Vgl. zur Spannung zwischen »Aufklärung« und »Erleben« die Beiträge von Claudia Hattendorff und Joseph Imorde, aber auch von Reinhold Baumstark in diesem Band.

28 Förderer ist die Reinoldigilde zu Dortmund, der großer Dank gebührt; sie hat die Entstehung des Stadtführers als ein auf umfassende Partizipation abzielendes Projekt entscheidend mit angestiftet und sich nachdrücklich für die fortgesetzte Förderung eingesetzt. Herzlich danke ich auch dem Leiter des Stadtarchivs Thomas Schilp für seine schier unermüdliche Unterstützung; ohne die Hilfe des Stadtarchivs wären Lagerung und Verteilung der Bücher kaum zu bewerkstelligen.

29 Den zahlreichen Dortmunder Studierenden gebührt großer Dank; namentlich genannt seien die Koordinatoren der bisherigen Verteilaktionen Sarah Hübscher, Franziska Neumann, Ann-Kristin Malik und Christopher Kreutchen.
Ein Anschlussprojekt ist für die Stadt Hagen entstanden, deren »genius loci« maßgeblich durch den Hagener Impuls geprägt ist: Barbara Welzel (Hg.), Hagen erforschen. Eine Stadt als Laboratorium. Mit Texten von Birgitt Borkopp-Restle, Birgit Franke, Rouven Lotz, Barbara Welzel und Illustrationen von Frank Georgy, Essen 2010; Förderer dieses Bildungsprojekts waren alle Hagener Service-Clubs. Es richtet sich an junge Menschen, die die Orientierungsstufe besuchen (5./6. Schuljahr), mithin absichtsvoll nicht nur an Gymnasien. An dieses Projekt knüpfte in Hagen die erste Phase des Stadtspäher-Projekts an (siehe Anm. 23).

30 Vgl. Rosa Fehr-von Ilten, Unterwegs in unserer Stadt: Die St. Marienkirche in Dortmund, in: Welzel, Weltwissen (wie Anm. 21), S. 127-144. Das Projekt war ein Kooperationsprojekt zwischen der Peter-Vischer-Schule, der ev. St. Mariengemeinde, der Conrad-von-Soest-Gesellschaft und der TU Dortmund.

31 So der Titel des von Klaus Krüger und Karin Kranhold geleiteten und zunächst von der Robert Bosch Stiftung geförderten Berliner Projekts »Denkwerk Kunstgeschichte – Bildung durch Bilder«; vgl. Klaus Krüger und Karin Kranhold (Hg.), Bildung durch Bilder. Kunstwissenschaft in der schulischen Unterrichtspraxis. Ausst. Kat. Berlin 2011 sowie die Projekt-Website www.bildung-durch-bilder.de (letzter Zugriff 26.11.2012) und schließlich den Beitrag der beiden Autoren in diesem Band.

32 Zu Museen als Orte der Mnemosyne vgl. den Beitrag von Reinhold Baumstark in diesem Band; in diesem Kontext auch ders., Politische Allegorie als historisches Zeugnis, in: Das Exponat als historisches Zeugnis. Präsentationsformen politischer Ikonographie, hg. von Hans Ottomeyer, Deutsches Historisches Museum Berlin 2011, S. 173-178; vgl. auch den von Barbara Welzel koordinierten Themenschwerpunkt »Bilderwelten und Kulturerbe«, in: Grundschule 4/April 2006, S. 30-49, darin auch der Einleitungstext S. 30f.

33 Gudrun M. König/Holger Noltze/Barbara Welzel, Kulturvermittlung bedarf der Kulturanalyse. Masterstudiengang »Kulturanalyse und Kulturvermittlung« an der Technischen Universität Dortmund, in: Kulturpolitische Mitteilungen 136, I/2012, S. 68.

34 Das Projekt wird näher vorgestellt von Barbara Welzel, Das Projekt »StadtKulturRaum«. Vom Hellweg zur Rheinischen Straße, in: Klaus Peter Busse/Rudolf Preuss/Kurt Wettengl (Hg.), U-Westend (Dortmunder Schriften zur Kunst/Studien zur Kunstdidaktik 13), Norderstedt 2011, S. 55-60, 156-167. Dank gilt der engagierten Projektgruppe: Sarah Hübscher, Elvira Neuendank und Uwe Schrader, Leitung: Silke Rüsche, Technische Universität Dortmund.

35 Stadtsurfer, Quartierfans & Co: Stadtkonstruktion Jugendlicher und das Netz urbaner öffentlicher Räume, hg. von der Wüstenrot Stiftung, bearbeitet von Studio Urbane Landschaften, Berlin 2009.

36 Holger Noltze, Die Leichtigkeitslüge. Über Musik, Medien und Komplexität, Hamburg 2010. Zum Verhältnis Kunstpädagogik und Kunstgeschichte, in dem es immer auch um fachwissenschaftlich gebotene Komplexität geht, siehe den Beitrag von Claudia Hattendorff in diesem Band.

37 Barbara Welzel, Kunstgeschichte und kulturelles Gedächt-

nis: Zur Integration historischer Kunstwerke in Bildungsprozesse, in: (Un)Vorhersehbares lernen: Kunst – Kultur – Bild, hg. von Klaus-Peter Busse und Karl-Josef Pazzini, Publikation des Bundeskongresses für Kunstpädagogik (Dortmunder Schriften zur Kunst. Studien zur Kunstdidaktik 5), Norderstedt 2008, S. 161-169; dies., »Warum hat uns das bisher noch niemand gezeigt?« – Einige Anmerkungen zu kulturellem Erbe und Teilhabe, in: Zukunft braucht Herkunft, hg. von Eva Dietrich/Magdalena Leyser-Droste/Walter Ollenik/Christa Reicher/Yasemin Utku (Beiträge zur städtebaulichen Denkmalpflege 3), Essen 2011, S. 142-154. Stellvertretend für die inzwischen weitflächige Forschung zum kulturellen Gedächtnis in unserem Zusammenhang die Angaben in Anm. 24.

38 Erinnert sei in diesem Zusammenhang daran, dass die Shell Jugendstudie Jugendliche im Alter von zwölf bis 25 Jahre untersucht; die Studierenden der BA- und MA-Studiengänge gehören daher zum allergrößten Teil in die hier befragte Altersgruppe; zuletzt: 16. Shell Jugendstudie. Jugend 2010, hg. von der Shell Deutschland Holding, Konzeption und Koordination: Mathias Albert, Klaus Hurrelmann, Gudrum Quenzel & TNS Infratest Sozialforschung, Frankfurt am Main 2010.

39 »Bild-Sucher!« Die Stadtkirche St. Reinoldi in Fotografien von Schülerinnen und Schülern des 8. Schuljahres am Max-Planck-Gymnasium in Dortmund. Projektleitung: Rosa Fehr-von Ilten (Max-Planck-Gymnasium Dortmund) und Barbara Welzel (TU Dortmund) in Kooperation mit der Conrad-von-Soest-Gesellschaft und der Initiative »rettetreinoldi«. Ein solches Projekt bedarf der Unterstützung. Dank gilt besonders Birgit Franke, Michael Küstermann, Michael Ostermann, Jörg Probst und Thomas Schilp sowie Sarah Hübscher, Elvira Neuendank und Uwe Schrader.

40 Zum Schaubüro: www.schaubuero.de, dort im Archiv ist das Projekt dokumentiert; Dank gilt Jörg Probst für die Einladung in diese virtuelle Galerie.

41 Vgl. hierzu auch den Beitrag von Joseph Imorde in diesem Band.

42 Birgit Franke und Barbara Welzel (Hg.), Warum ist hier kein Einkaufszentrum? Die Reinoldikirche in Dortmund (Dortmunder Schriften zur Kunst/Studien zur Kunstgeschichte 3), Norderstedt 2011. Dieses Buch ist als Studienprojekt im Kontext des Masterstudienganges »Kulturanalyse und Kulturvermittlung« (siehe Anm. 33) entstanden; Kooperationspartner war die Stadtkirche St. Reinoldi. Das Projektteam: Roland Baege, Birgit Franke, Frank Georgy, Sarah Hilse, Ina Hindenberg, Sarah Hübscher, Andrea Klotz, Silke Koniecny, Cindy Kramer, Michael Küstermann, Elvira Neuendank, Lira Rogalski, Thomas Schilp, Uwe Schrader, Miriam Theis, Barbara Welzel; Projektleitung: Birgit Franke.

43 Der Cover-Entwurf stammt von Frank Georgy (Büro kopfsprung, Köln), der das Layout zusammen mit Birgit Franke und dem studentischen Buchteam entwickelt hat.

44 Zuletzt auch Bundespräsident Joachim Gauck in seiner Rede auf der Festveranstaltung zur Jahresversammlung 2012 der Deutschen Forschungsgemeinschaft am 4. Juli 2012 an der Technischen Universität Dortmund, http://www.bundespraesident.de/SharedDocs/Reden/DE/Joachim-Gauck/Reden/2012/07/120704-DFG.html (Zugriff am 4.10.2012), der hier auch die Rolle von Wissenschaftlerinnen und Wissenschaftlern als Bürgerinnen und Bürger thematisiert.

45 Soziale Bindung von Wissenschaft und Forschung. Rede vor der Max-Planck-Gesellschaft, Hamburg, 20. Juni 1975, in: Vor neuen Herausforderungen: Drei Reden zu Technik, Wissenschaft und Politik von Bundeskanzler Helmut Schmidt, hg. vom Presse- und Informationsamt der Bunderegierung, Düsseldorf 1975, S. 20-39; in dieser Rede ist das Argument entfaltet, für das Helmut Schmidt im Nachgang den Begriff der »Bringschuld der Wissenschaften« geprägt hat; vgl. ders., Soziale Verantwortung und Moral des Forschers und Wissenschaftlers (Ansprache auf der Festversammlung der 33. Ordentlichen Hauptversammlung der Max-Planck-Gesellschaft am 14. Mai in Bonn), in: ders., Freiheit verantworten, Düsseldorf/Wien 1983, S. 309-323, hier S. 309.

46 Zum Verhältnis zwischen Fachwissenschaft und Fachethik in der Archäologie jetzt: Hermann Parzinger, Archäologie und Politik – eine Wissenschaft und ihr Weg zum Global Player, hg. von der Gerda Henkel Stiftung, Münster 2012.

47 Ein großes Desiderat ist eine Denkmalpädagogik; vgl. Deutsches Nationalkomitee für Denkmalschutz (Hg.), Kommunizieren – Partizipieren (wie Anm. 20).

BILDUNG DURCH BILDER
Ein Erfahrungsbericht zur interdisziplinären Vermittlung kunstwissenschaftlicher Kompetenzen im Schulunterricht

Klaus Krüger und Karin Kranhold

Die Relevanz kultureller Bildung für die Ermöglichung einer umfassenden gesellschaftlichen Teilhabe ist mittlerweile im bildungspolitischen Diskurs auf unterschiedlichen politischen Ebenen unbestritten.[1] Dies manifestiert sich zum Beispiel auch in verschiedenen bundesweiten Wettbewerben für herausragende Projekte kultureller Bildung oder im aktuellen, von der Kultusministerkonferenz und dem Bundesministerium für Bildung und Forschung geförderten Bildungsbericht 2012, der erstmals eine empirische Bestandsaufnahme zu diesem Thema vornimmt.[2] Unter kultureller Bildung werden im Allgemeinen ästhetisch-musische Bildungsprozesse verstanden. Daneben aber kommt auch geistes- und kulturwissenschaftlichen Kompetenzen große Bedeutung zu, denn insbesondere in einer zunehmend von visuellen Erfahrungen geprägten Gesellschaft können grundlegende Bildkompetenzen als ein elementarer Bestandteil erfolgreicher kultureller Bildungsprozesse angesehen werden.[3]
Hier erscheint die Kunstwissenschaft unmittelbar gefordert, zählt sie doch die verschiedensten visuellen Medien – Malerei, Skulptur, Architektur, Fotografie, Film – zu ihren Forschungsgegenständen und verfügt über das notwendige methodische Instrumentarium, um einen angemessenen und kritischen Umgang mit ihnen zu ermöglichen. Im Diskurs um die kulturelle Bildung ist jedoch eine eigene Position der universitären Fachdisziplin bisher kaum greifbar. Die Kunstwissenschaft spielt hier vor allem mit Blick auf die Vermittlung des kulturellen Erbes in Museen und in der Denkmalpflege eine Rolle, weniger hinsichtlich der grundlegenden Relevanz ihrer wissenschaftlichen Methodik und Theorienbildung.[4]
Aber gerade die genuin kunstwissenschaftlichen Bildkompetenzen, visuelle Strukturen zu erkennen und visuelle Semantiken in einem umfassenden Sinn

zu problematisieren, sie also in ihren spezifischen ästhetischen Erscheinungsformen und Qualitäten zu erfassen und sie gleichzeitig in ihrer historischen, gesellschaftlichen, politischen und ökonomischen Bedeutung sowie aktuellen Tragweite analytisch erschließen zu können, gilt es in ihren Grundlagen bereits Kindern und Jugendlichen angemessen zu vermitteln. Denn auch wenn die heutige Generation der Schülerinnen und Schüler sicherlich über erhebliche Kompetenzen im praktischen Umgang mit verschiedenen Medien verfügt, kann die kritische Reflexion über ästhetische Form und kontextuelle Einbettung der Bilder, über Intention und Rezeption visueller Strukturen und Inszenierungen keinesfalls vorausgesetzt werden.[5] Entsprechende Fähigkeiten und Fertigkeiten erscheinen für zahlreiche Fächer des schulischen Kanons von erheblicher Relevanz. Hier stellt sich die grundsätzliche Frage, auf welche Weise kunstwissenschaftliche Erkenntnisse und Methoden erfolgreich in der schulischen Bildung vermittelt werden können. Kinder- und Schüler-Unis gehören zwar zum festen Repertoire zahlreicher Universitäten und Fachhochschulen, allerdings liegt hier der Schwerpunkt – mit wenigen Ausnahmen, zum Beispiel dem kunstwissenschaftlichen Angebot der KinderUni Dortmund[6] – auf den naturwissenschaftlich-mathematischen Fächern. An kunstwissenschaftlichen Universitätsinstituten sind direkte Kooperationen mit Schulen dagegen insgesamt noch selten, obwohl gerade auf diesem Wege ein unmittelbarer Erkenntnistransfer angestoßen werden könnte.[7]

Vor dem hier skizzierten Hintergrund entstand am Kunsthistorischen Institut der Freien Universität Berlin das Kooperationsprojekt »Denkwerk Kunstgeschichte – Bildung durch Bilder«, das von 2006 bis 2011 von der Robert Bosch Stiftung gefördert wurde:[8] An zwölf Gymnasien, einer Real- und einer Grundschule in Berlin und Brandenburg fanden in diesem Zeitraum – interdisziplinär eingebunden in den Unterricht der Fächer Geschichte, Kunst, Latein oder Deutsch – rund 60 kunstwissenschaftliche Unterrichtsprojekte statt, in denen sich über 1.500 Schülerinnen und Schüler von der Klasse 5 bis zum Abitur aktiv mit Kunst und kunstwissenschaftlichen Fragestellungen auseinandersetzten.[9] Die Teilprojekte reichten thematisch von frühchristlichen Elfenbeintafeln bis zum aktuellen Produktdesign der letzten Jahrzehnte, von der politischen Ikonographie der Potsdamer und Berliner Schlösser bis zur Ästhetik aktueller Erinnerungsorte wie dem Holocaust-Mahnmal, von der Rezeption antiker Götterstatuen bis zur Rekursivität in den Videoclips der Pop-Ikone Madonna.

Die grundlegende Frage, welches Potenzial die Kunstwissenschaft in ihrer ganzen inhaltlichen und methodischen Breite im Rahmen des Schulunterrichts entfalten und wie sie den schulischen Kompetenzerwerb bereichern kann, stand somit im Zentrum des Vorhabens. Entsprechend offen wurde mit »Bildung durch Bilder« auch der Projekttitel gewählt. Zudem galt es im Projektverlauf zu eruieren, auf welche Weise Kooperationsstrukturen und -formate gestaltet werden können, damit sie für die beiden Bildungsinstitutionen Hochschule und Schule im Alltag praktikabel und im Sinne einer gegenseitigen Bereicherung durchführbar sind. Das Projekt beinhaltete daher weder eine Festlegung auf einen spezifischen kunsthistorischen Inhaltsbereich, noch eine empirische Feldforschung zu bestimmten didaktischen Ansätzen, sondern war vielmehr als ein prozessorientiertes Experimentierfeld zur Entwicklung und Evaluation verschiedener Arten der Zusammenarbeit sowie zur Ermittlung der inhaltlichen und methodischen Einbindungsmöglichkeiten der Kunstwissenschaft im regulären Schulunterricht angelegt.

Kooperationsstruktur und institutionelle Rahmenbedingungen
Grundlegend für die Projektstruktur war der Aufbau einer langfristigen und auf symmetrischer Kommunikation basierenden Kooperation zwischen Schulen und Hochschule. Dauerhafte persönliche Kontakte zwischen den Ansprechpartnern an der Universität und den beteiligten Lehrkräften ermöglichten eine konstruktive gemeinsame Erarbeitung und effiziente Entwicklung der Kooperationsformate auf der Basis formativer Evaluation.[10] Die Universität bildete einem Stern-Netzwerk vergleichbar das Zentrum der Kooperation, wobei die beteiligten Fachbereiche der Schulen auch untereinander in Kontakt standen. Die beiden Bildungsinstitutionen konnten aktuelle wissenschaftliche Forschung einerseits und fachdidaktische Methodenvielfalt sowie die praktische Erfahrung mit den curricularen Erfordernissen andererseits einbringen und sich langfristig auf die institutionellen Rahmenbedingungen, Zeitpläne und Erwartungen des Partners einstellen. Zu den regulären museumspädagogischen Programmen, die auch auf eine punktuelle Nutzung durch Schulklassen ausgelegt sind, sollte explizit keine Konkurrenz, sondern vielmehr ein komplementäres Angebot entstehen, das die spezifischen Möglichkeiten der Universität einzubringen vermag.

Im Rahmen der Kooperation entstanden überwiegend regulär im schulischen Alltag einsetzbare, durchaus auch prüfungsrelevante Unterrichtssequenzen, keine additiven Projekte im Sinne zusätzlicher Arbeitsgemeinschaften für Schülerinnen und Schüler. Damit ist es aber gerade an Gymnasien nur durch eine genaue Abstimmung auf die Curricula möglich, die Vorhaben in die zeitlich engen, komprimierten Lehrpläne der verkürzten Oberstufe einzubinden. Die aktuellen Rahmenlehrpläne in Berlin und Brandenburg bieten hierfür jedoch zahlreiche Anknüpfungspunkte.

Kunstwissenschaft zählt in Deutschland als eigenständige Disziplin bekanntermaßen nicht zum schulischen Fächerkanon, fungiert aber als eine Bezugswissenschaft zum Fach Bildende Kunst. Zudem ist die Relevanz von Bildkompetenzen in verschiedenen anderen Schulfächern offensichtlich, hierzu zählen Geschichte, Deutsch, Politikwissenschaft oder Religion/Ethik sowie auch die Philologien und Naturwissenschaften. Der Ansatz, die kunstwissenschaftlichen Teilprojekte interdisziplinär in verschiedene Schulfächer einzubinden,[11] fand in der Projektpraxis seine unmittelbare Bestätigung: Von Beginn an engagierten sich Lehrerinnen und Lehrer eines breiten Fächerspektrums in der Kooperation. Die einzelnen Vorhaben verteilten sich zu je einem Drittel auf das Fach Bildende Kunst, das Fach Geschichte sowie auf die Gruppe der übrigen Disziplinen, vornehmlich Latein und Deutsch.[12]

Das Interesse der am Projekt beteiligten Kunstlehrerinnen und -lehrer lag insbesondere auf Unterrichtsvorhaben zu Architektur und Mode, die sich in das curriculare Oberthema »Lebensräume und Alltagskultur« integrieren ließen. Dass nur ein Drittel der Projekte im Schulfach Bildende Kunst stattfand, kann sowohl auf die eigenen kunstwissenschaftlichen Kompetenzen der Lehrkräfte zurückgeführt werden, als auch darauf, dass in Berlin und Brandenburg vor allem ästhetische und kreative Bildungsprozesse im Zentrum des Unterrichts stehen: Der Berliner Rahmenlehrplan für die Sekundarstufe II benennt explizit die künstlerische Gestaltung, die den Schülerinnen und Schülern »Einsichten unmittelbar erschließt«, als Kernbereich des Faches. Darüber hinaus soll die in der Sekundarstufe I erworbene Kompetenz der Jugendlichen, »das kulturelle Erbe als Teil ihrer Weltwahrnehmung und als Gestaltungsanregung« zu erkennen und zu verarbeiten, in der Oberstufe dahingehend erweitert werden, dass »ausgewählte Fragestellungen« diskutiert werden können.[13] Angesichts des meist geringen Stundenvolumens erscheint die Erfüllung der Erwartungen an den Kunstunterricht im Spannungsfeld der beiden Kompetenzbereiche von Produktion und Rezeption kaum erfüllbar, zumal die produktiven Kompetenzen als Basis für die rezeptiven verstanden werden, somit also bereits eine Gewichtung vorgenommen wird.[14]

In den letzten Jahren hat in Auseinandersetzung mit den Entwicklungen in den jeweiligen Bezugswissenschaften die Beschäftigung mit Bildern in verschiedenen anderen Schulfächern deutlich an Relevanz gewonnen, insbesondere in den Fächern Geschichte und Deutsch.[15] So sollen im Berliner Geschichtsunterricht der Sekundarstufe II die Schülerinnen und Schüler mittelalterliche »Bildquellen analysieren und in ihrer Aussagekraft bewerten« oder sich mit »Darstellung und Deutung [...] des Mittelalters in der Geschichtskultur, z. B. in Literatur, Film, bildlichen Darstellungen oder in politischen Inszenierungen« auseinandersetzen; pro Halbjahr wird zudem eine Exkursion an einen außerschulischen Lernort gefordert.[16] Angesichts der hier tendenziell aufscheinenden Dichotomie der Bildbegriffe zwischen der ästhetischen Erfahrung im Kunstunterricht einerseits und dem Verständnis des Bildes als historische Quelle im Geschichtsunterricht andererseits kann die Stärkung beziehungsweise Einbindung kunstwissenschaftlicher Methoden einen wichtigen Beitrag zur Integration der unterschiedlichen Bildkonzepte leisten. In diesem Zusammenhang gilt es auch, eine kritische Reflexion über Reproduktionen von Kunstobjekten in den Unterrichtswerken anzuregen, um diese nicht nur als vermeintliche Illustrationen historischer Ereignisse oder als ahistorische visuelle Auflockerung literarischer Texte zu verstehen, sondern den ästhetischen Eigenwert und die kulturellen sowie historischen Bezüge der reproduzierten Objekte zu erkennen.[17]

Projektformate und inhaltliche Beispiele

Zu den Kooperationsformaten im Projekt »Bildung durch Bilder« zählten unter anderem schülerspezifische Projekte, Vorträge und Exkursionen mit Dozentinnen und Dozenten des Kunsthistorischen Instituts, die zum Teil aktuelle Forschungsvorhaben oder Ausstellungsprojekte einbezogen.[18] So besuchte ein schulischer Seminarkurs zum Thema »Entartete Kunst« die am Kunsthistorischen Institut angesiedelte Forschungsstelle zum gleichen Thema und erhielt einen unmittelbaren Einblick in wissenschaftliche Vorgehensweise und aktuelle Forschungslage, während ein Lateinkurs an der Erarbeitung einer Ausstellung von Faksimiles mittelalterlicher Apokalypsehandschriften partizipieren konnte.[19] Auf großes Interesse stieß zudem die jeweils eintägige Veranstaltung »Bildkompetenz für und durch Musikvideos von Madonna«, in der anhand eines den Schülerinnen und Schülern vertrauten Mediums zum Beispiel das Verhältnis von Blick und Macht diskutiert wurde oder sich im unmittelbaren Vergleich der Videos mit verschiedenen Filmen eine Vielzahl visueller Bezüge offenbarte.[20]

Eine spezifische Kooperationsmöglichkeit der Universität wurde durch die Einbeziehung von Studierenden in den Vermittlungsprozess genutzt: Kunstwissenschaftliche Unterrichtspraktika von Studentinnen und Studenten der Kunstgeschichte erwiesen sich im Projektverlauf als ein besonders erfolgreiches, inhaltlich und methodisch flexibles Format. Durch die Umsetzung dieses Vermittlungsmodells tragen die Studierenden aktuelle kunstwissenschaftliche Inhalte und Fertigkeiten in den Unterricht, wodurch sich für die Schülerinnen und Schüler die persönliche Distanz zwischen Lernenden und Lehrenden deutlich reduziert. Gleichzeitig eröffnet sich den Studentinnen und Studenten an kunstwissenschaftlichen Instituten ohne fachdidaktische Lehrstühle ein bisher kaum

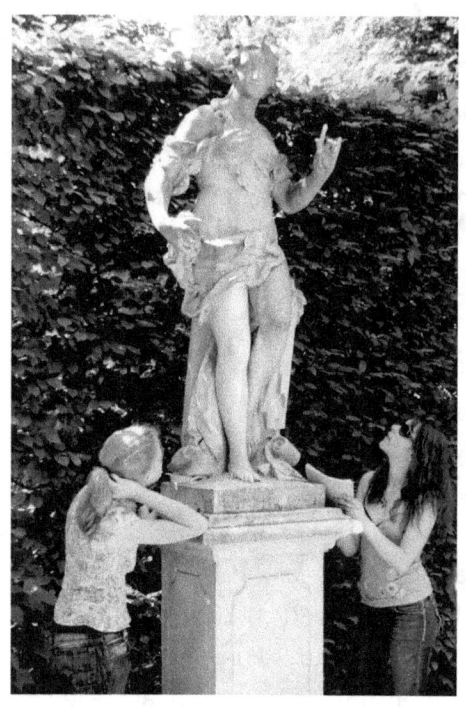

Schulprojekt im Park Sanssouci. (Foto: Karin Kranhold)

zugänglicher Bereich zur Durchführung der im Bachelor-Studiengang erforderlichen Praktika. Die Studierenden können durch dieses »Lernen durch Lehren« mit der selbständigen Konzeption und Umsetzung einer Unterrichtssequenz praktische Vermittlungskompetenzen erwerben, die für zahlreiche spätere Berufsfelder von großer Relevanz sind.[21] Die Studentinnen und Studenten konnten für die Praktika auf inhaltliche sowie didaktische Unterstützung am Kunsthistorischen Institut zurückgreifen und ihre Unterrichtssequenzen mit den jeweiligen Lehrkräften diskutieren.

Die Erarbeitung unterschiedlicher Vermittlungsstrategien wurde zudem in die universitäre Lehre eingebunden. Im Seminar standen zunächst Ansätze der allgemeinen Didaktik, der Kunstvermittlung und der Museumspädagogik im Zentrum, bevor die Studentinnen und Studenten in Arbeitsgruppen die Konzeption und die praktische Durchführung einer Museumsexkursion beziehungsweise einer kurzen Unterrichtssequenz für Schulklassen übernahmen und hierfür jeweils individuell ein Arbeitsblatt für ein ausgewähltes Exponat entwarfen. Die Schülerinnen und Schüler beschäftigten sich im Museum in Kleingruppen anhand dieser Arbeitsblätter ausführlich mit den jeweiligen Exponaten und präsentierten anschließend ihre neuen Erkenntnisse dem Plenum. Die unterschiedlichen Vermittlungskonzepte wurden evaluiert, im Seminar diskutiert und als Anregungen für weitere Teilprojekte genutzt.[22]

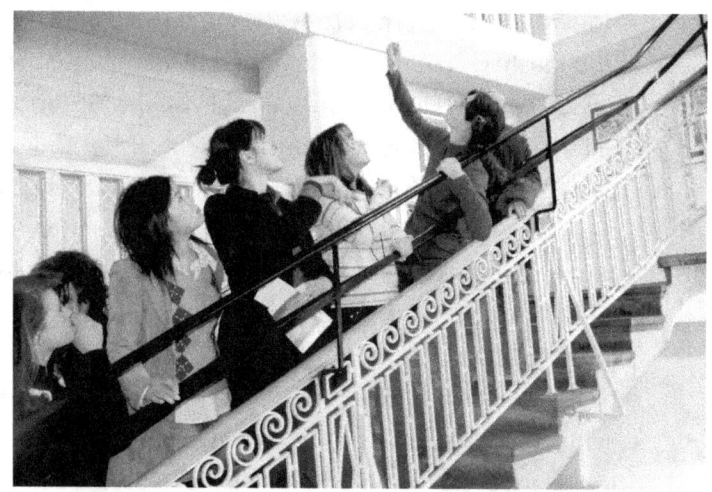

Schulprojekt zur Architektur des eigenen Schulgebäudes. (Foto: Monika Galina)

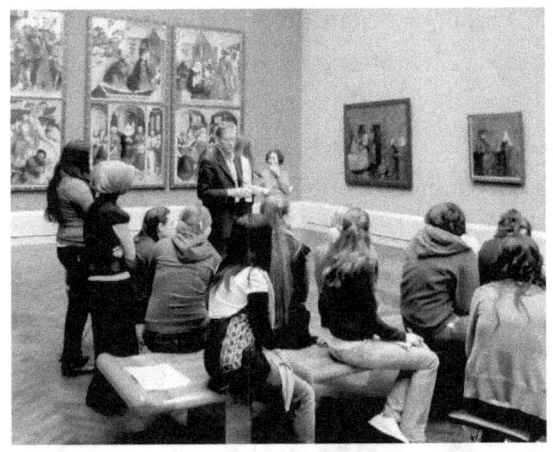

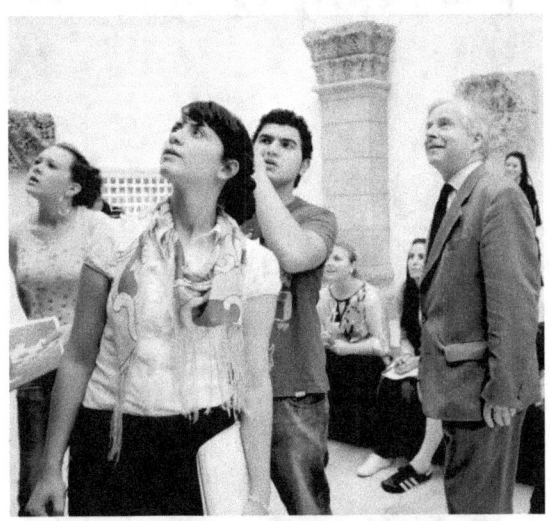

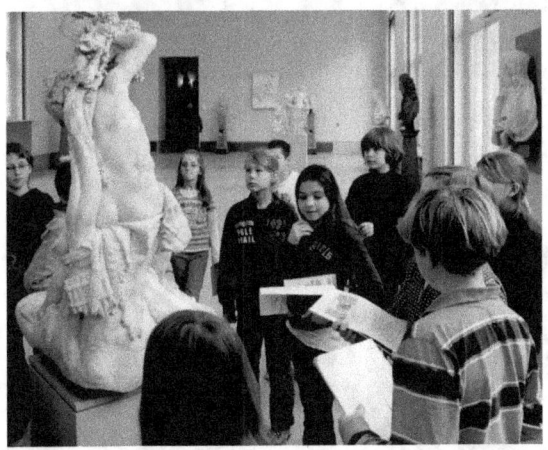

Exkursionen in die Berliner Gemäldegalerie, ins Museum für Islamische Kunst und ins Bode-Museum (von oben).
(Fotos: Anna Boroffka, Robert Bosch Stiftung/Birgitta Kowsky, Hans-Christian Kuhnow)

Die meisten Praktika fügten sich als handlungsorientierte Sequenzen mit integrierten Gruppenarbeitsphasen in den regulären Unterricht ein und umfassten nahezu immer Exkursionen an außerschulische Lernorte, insbesondere vor die Originale im Museum, in Sakralbauten oder im öffentlichen Raum.[23] Der zeitliche Umfang lag bei mindestens drei Unterrichtsterminen, um eine angemessene Vorbereitung, Durchführung und Nachbereitung der Exkursion gewährleisten zu können, konnte sich aber auch auf bis zu 16 Termine erstrecken. Da die Vorhaben grundsätzlich wissenschaftspropädeutisch konzipiert waren und einen eigenen, im weitesten Sinne wissenschaftlichen Beitrag der Jugendlichen erwarteten, wurde je nach Möglichkeit und Jahrgangsstufe auch die Nutzung von Archiven und der Institutsbibliothek einbezogen. Die Exkursionen dienten zugleich dem Abbau eventuell bestehender Schwellenängste der Schülerinnen und Schüler vor musealen oder universitären Institutionen.

Im Geschichtsunterricht widmeten sich die Jugendlichen zum Beispiel unter dem curricularen Oberthema »Mentalität des […] mittelalterlichen Menschen: Religiosität, Leben und Sterben, Geschlechterverhältnisse« zeittypischen Jenseitsvorstellungen und analysierten Reliquiare im Berliner Kunstgewerbemuseum, sakrale Skulptur im Bode-Museum und den Totentanz in der Marienkirche. Zum curricularen Thema »Absolutismus: Frankreich, Preußen« boten sich entsprechend vorbereitete Exkursionen zum Berliner Schloss Charlottenburg und dem Park Sanssouci in Potsdam an, in anderen Praktika zu diesem Thema beschäftigten sich die Jugendlichen mit visuellen Inszenierungen politischer Macht von der Porträtmalerei des 17. Jahrhunderts bis zu Fotografien heutiger Politiker. Im Lateinunterricht wurden mehrfach Praktika zur Rezeption der Metamorphosen Ovids in der Kunst durchgeführt, in denen insbesondere das Verhältnis zwischen literarischer linearer Erzählung und dem Medium der Malerei oder Skulptur thematisiert wurde; auch hier fanden Termine vor Originalen zum Beispiel in der Gemäldegalerie statt.

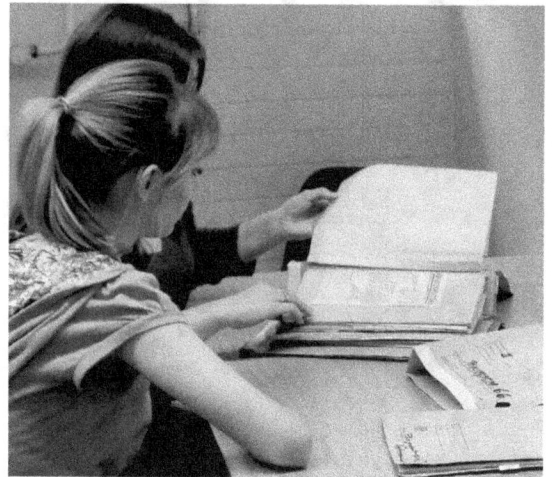

Der Weg vor die Originale konnte jedoch auch kurz ausfallen: Eine regelrechte »Schule des Sehens« eröffnete sich Schülerinnen und Schülern durch die Betrachtung ihrer alltäglich genutzten Umgebung, nämlich des eigenen Schulgebäudes, das sie im Rahmen von Unterrichtspraktika – häufig erstmals – bewusst als Architektur wahrnahmen. Zeichnend, fotografierend oder beschreibend schärften sie ihren Blick für die architektonischen Zusammenhänge, suchten bauhistorische Spuren, arbeiteten sich in die einschlägige Fachliteratur ein und erschlossen sich die dem Bau zugrunde liegenden pädagogischen und repräsentativen Absichten, die Raumverhältnisse und ihre Wirkung auf den Nutzer. So entwickelten sie nicht nur einen neuen Blick auf die sie umgebende gebaute Umwelt, sondern banden diese auch in ihren

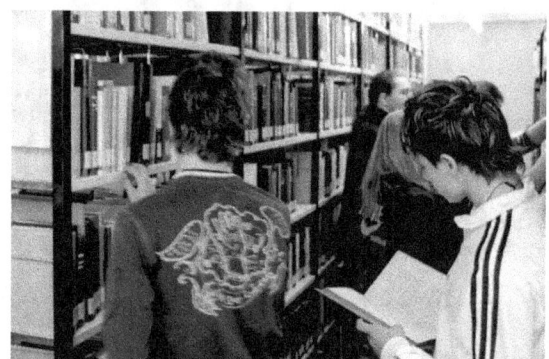

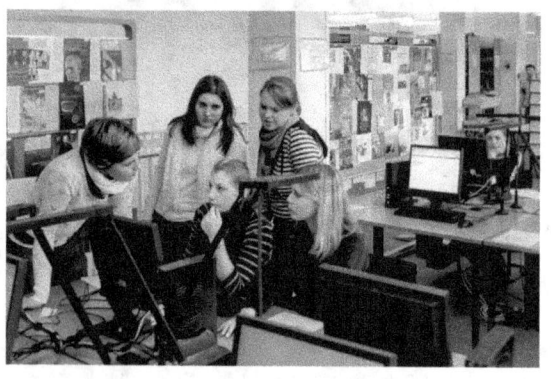

Schülerinnen und Schüler im Bauarchiv Wilmersdorf und bei der Literaturrecherche in der Bibliothek des Kunsthistorischen Institutes (von oben). (Fotos: Celia Schmidt, Robert Winkler)

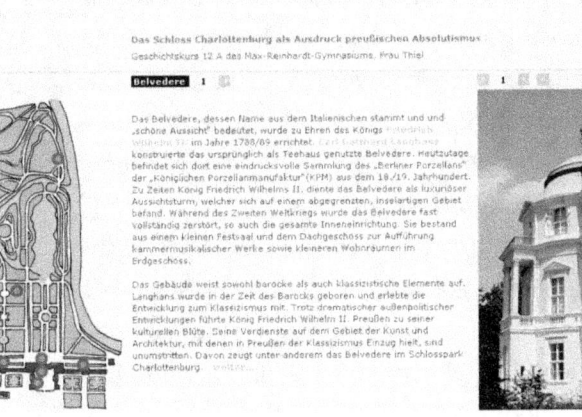

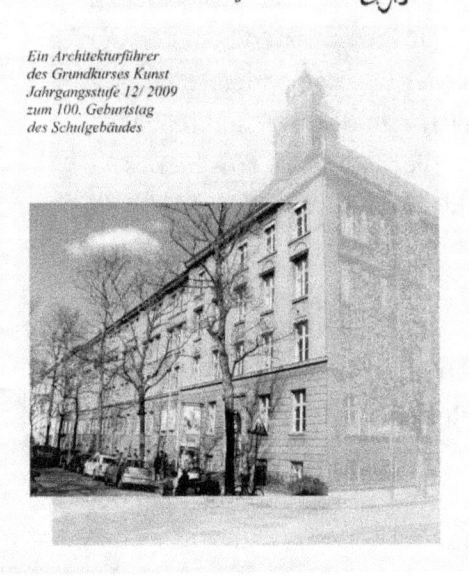

Beispiele für Arbeitsergebnisse der Schülerinnen und Schüler:
Ein virtueller Rundgang durch den Park Charlottenburg und ein Architekturführer zu einem Schulgebäude.

vielschichtigen kulturellen Kontext ein. Entsprechende Praktika wurden im Laufe des Projektes in modernen und älteren Schulgebäuden mehrfach durchgeführt. Zu gleich vier Jubiläen erarbeiteten die Schülerinnen und Schüler auf diese Weise mehrseitige bauhistorische Faltblätter oder Präsentationen, die während der jeweiligen Feierlichkeiten eine breite Öffentlichkeit fanden und auch der Erläuterung umstrittener denkmalpflegerischer Auflagen dienen konnten.

Insgesamt sind die Arbeitsergebnisse der Schülerinnen und Schüler so vielfältig wie die Projektthemen und natürlich auch abhängig vom jeweiligen zeitlichen Umfang des Vorhabens. Die kunstwissenschaftliche Projektarbeit in der gymnasialen Oberstufe gab mehrfach inhaltliche und methodische Anregungen für abiturrelevante Facharbeiten. Zudem entstanden zahlreiche schriftliche Bildanalysen, reich bebilderte Web-Präsentationen, zum Beispiel ein animierter virtueller Rundgang durch den Park Charlottenburg, oder auch dokumentarische Filmbeiträge zur Geschichte der Berliner Straße »Unter den Linden«. Die Schülerinnen und Schüler konzipierten thematisch fokussierte Stadtführungen für jüngere Jahrgangsstufen und kleine Ausstellungen für die Schulöffentlichkeit. In einem Projekt zu Peter Paul Rubens in der 6. Klasse einer Schöneberger Grundschule entstand ein Audio-Guide für eine Poster-Ausstellung, der die erarbeiteten Bildbeschreibungen den Mitschülern und Eltern in allen in der Klasse vertretenen Sprachen nahe brachte: auf Deutsch, Türkisch, Arabisch, Englisch, Französisch und Niederländisch.

Nicht nur während dieses Teilprojektes richtete sich das Augenmerk auch auf die grundlegende Frage, inwiefern ein kunsthistorischer Blick auf die eigene Kultur für interkulturelle Bildungsprozesse nutzbar gemacht werden kann. Als ein Praxisbeispiel in diesem Kontext wurde ein umfangreiches Projekt zu den Bildkulturen von Judentum, Christentum und Islam konzipiert.[24] Schülerinnen und Schüler eines Leistungskurses Kunst in Berlin-Wedding widmeten sich zusammen mit Wissenschaftlern des Kunsthistorischen Instituts und des Instituts für Judaistik der Freien Universität sowie des Berliner Museums für Islamische Kunst in historisch-theoretischer Perspektive den Gemeinsamkeiten, Abgrenzungen und wechselseitigen Beeinflussungen in den Bildpraktiken der drei abrahamitischen Religionen. Dies bildete die Basis für einen differenzierten Blick auf die gegenwärtigen Bildkulturen der drei Religionen. Begleitet von namhaften Künstlern setzten sich die Jugendlichen in der eigenen ästhetischen Praxis mit der aktuellen Gestaltung der jeweiligen sakralen Räume auseinander. Im Projektverlauf wurde deutlich, dass gerade die Beschäftigung mit vergangenen Epochen den Schülerinnen und Schülern eine sachlich-distanzierte Auseinandersetzung mit einem emotional besetzten Themenfeld ermöglichte. In der interkulturellen Öffnung kunstwissenschaftlicher Unterrichtsprojekte liegt somit ein erhebliches Potenzial für das Verständnis hybrider kultureller Identitäten sowie sich beständig transformierender Entwürfe des kulturellen Zusammenlebens.

Perspektiven kunstwissenschaftlicher Unterrichtsprojekte
Die Erfahrungen aus dem Projekt »Bildung durch Bilder« machen deutlich, dass sich kunstwissenschaftlich fundierte Bildkompetenzen nicht nur im Fach Bildende Kunst, sondern in einem breiten Fächerspektrum erfolgreich integrieren lassen und aus Sicht aller Beteiligten einen deutlichen Gewinn in schulischen Bildungsprozessen darstellen. Das vorgestellte Konzept ist dabei als inhaltliche und praktische Anregung für die Durchführung weiterer Schulkooperationen zu verstehen, zumal grundlegende Teile der Projektstrukturen, zum Beispiel die Einbindung der Studierenden in das Vermittlungsmodell oder die Konzeption von Praxisseminaren, auch auf andere universitäre Institute übertragbar sind.
Die Beweggründe für den Aufbau von Schulpartnerschaften können aus Sicht kunstwissenschaftlicher Institute auf unterschiedlichen Ebenen angesiedelt sein. Aus hochschulpolitischem Blickwinkel zum Beispiel ergibt sich langfristig möglicherweise die Chance auf einen verbesserten Übergang von der Schule zu Studium und Abschluss, was insbesondere für eine Disziplin außerhalb des schulischen Fächerkanons von Interesse ist, von der bei Studienbeginn häufig nur vage Vorstellungen bestehen. Es stellt sich darüber hinaus aber die grund-

sätzliche Frage, wie für das Fach Kunstwissenschaft insbesondere angesichts zunehmend heterogener Bevölkerungsstrukturen eine breite gesellschaftliche Verankerung erhalten und geschaffen werden kann. Eine stärkere Partizipation der Kunstwissenschaft an schulischen Bildungsprozessen bietet in diesem Kontext eine bedeutsame Perspektive für eine von der Fachdisziplin aktiv gestaltete gesellschaftliche und politische Legitimation.[25] Gleichzeitig eröffnet sich hier eine geradezu entscheidende Möglichkeit zur nachhaltigen Vermittlung des kulturellen Erbes an zukünftige Generationen.[26]

In nachfolgenden Projekten gilt es zu ermitteln, inwiefern die in der kunsthistorischen diachronen Perspektive mögliche Erkenntnis einer intrakulturellen Kluft, die Wahrnehmung von Alterität und das Verständnis historischer kultureller Transferprozesse als Modell für die aktuelle Auseinandersetzung mit fremder Kultur angesehen werden können und entsprechende Vorhaben somit im Rahmen schulischer Bildungsprozesse einen wichtigen Beitrag zur interkulturellen Verständigung leisten können. Eine weitere Entwicklungsmöglichkeit liegt zudem in der stärkeren Bezugnahme auf verschiedene Fachdidaktiken, um wechselseitige Effekte auf universitäre Forschung und Lehre anzuregen sowie um kunstwissenschaftliche Unterrichtsmaterialien und -inhalte nachhaltig im Schulalltag und den jeweiligen schulischen Curricula implementieren zu können.

Bildkompetenzen sind Ergebnis, aber auch Voraussetzung kultureller Bildungsprozesse. Vor diesem Hintergrund erscheint es der kunstwissenschaftlichen Fachdisziplin durchaus angemessen, sich des vorhandenen Potenzials in entsprechenden schulischen Bildungsprozessen bewusst zu werden. Hierzu zählt auch, am aktuellen, zum Teil mit erheblicher öffentlicher Aufmerksamkeit geführten Diskurs um die kulturelle Bildung aktiv zu partizipieren. Schließlich ist die Kunstwissenschaft maßgeblich diejenige wissenschaftliche Disziplin, in deren Zuständigkeitsbereich Bildkompetenzen fallen und die daher zur Ausbildung dieser Fähigkeiten und Fertigkeiten in vielfältigen interdisziplinären Kontexten einen entscheidenden Beitrag leisten kann.

1 Auf internationaler Ebene forderte zuletzt die zweite UNESCO-Weltkonferenz zur kulturellen Bildung im Mai 2010 unter anderem die Anwendung von »Prinzipien und Praktiken Künstlerischer und Kultureller Bildung [...], um zur Bewältigung der heutigen sozialen und kulturellen Herausforderungen beizutragen«. Zweite Weltkonferenz für Kulturelle Bildung: Seoul Agenda. http://www.unesco.de/kulturelle-bildung.html?&L=0 (Zugriff am 20.09.2012). Für einen Überblick über die Diskussion auf nationaler Ebene vgl. Schlussbericht der Enquete-Kommission »Kultur in Deutschland«, Deutscher Bundestag, Drucksache 16/7000, 11.12.2007, S. 377ff., http://dip21.bundestag.de/dip21/btd/16/070/1607000.pdf (Zugriff am 20.09.2012).

2 Seit dem Jahr 2005 prämiert der Wettbewerb »Mixed up« des Bundesministeriums für Familie, Senioren, Frauen und Jugend und der Bundesvereinigung Kulturelle Kinder- und Jugendbildung e.V. Kooperationen zwischen Trägern kultureller Bildung und Schulen, der Wettbewerb der Kulturstiftung der Länder »Kinder zum Olymp. Schulen kooperieren mit Kultur« richtet sich direkt an die Schulen. Der alle zwei Jahre erscheinende Bildungsbericht hatte 2012 den Schwerpunkt »Kulturelle/musisch-ästhetische Bildung im Lebenslauf«. Vgl. Autorengruppe Bildungsberichterstattung (Hg.), Bildung in Deutschland 2012. Ein indikatorengestützter Bericht mit einer Analyse zur kulturellen Bildung im Lebenslauf, Bielefeld 2012.

3 Zur grundlegenden Relevanz von Bildkompetenzen für eine erfolgreiche gesellschaftliche Teilhabe zuletzt Stefan Hölscher/Rolf Niehoff/Karina Pauls (Hg.), BildGeschichte – Facetten der Bildkompetenz, Oberhausen 2012. Die Enquete-Kommission verwies zum Kompetenzerwerb durch kulturelle Bildung auf eine bereits im Bildungsgesamtplan 1973 formulierte Definition: Kulturelle Bildung will den Einzelnen unter anderem »zu einer differenzierten Wahrnehmung der Umwelt anregen und sein Beurteilungsvermögen für künstlerische oder andere ästhetische Erscheinungsformen des Alltags fördern«. Schlussbericht der Enquete-Kommission »Kultur in Deutschland« 2007 (wie Anm. 1), S. 378f.

4 Unter rund 30 vorgestellten Praxisbeispielen zur kulturellen Bildung werden von der Deutschen UNESCO-Kommission entsprechend nur zwei Projekte mit kunst- und kulturhistorischem Bezug genannt, nämlich »denkmal aktiv – Kulturerbe macht Schule« und »LernStadtMuseum in Sachsen – Schüler entdecken Museen«. Vgl. Deutsche UNESCO-Kommission (Hg.), Arts Education for all. What Experts in Germany are Saying. Unesco today, Heft 1, 2010, From the Field: Cultural Heritage in Schools. denkmal aktiv. Kulturerbe macht Schule, S. 34; From the Field: Museums and Schools in Saxony Invest in Sustainable Cooperation. LernStadtMuseum in Sachsen. Schüler entdecken Museen, S. 35.

5 Niehoff konstatiert in diesem Zusammenhang sogar: »In bildgebundenen Lernprozessen erwerben die Schüler für ihr gegenwärtiges und zukünftiges Leben notwendige Kompetenzen. Denn das Vermögen, mit Bildern angemessen umzugehen, muss wie der kompetente Umgang mit Sprache, erlernt werden.« Die Vermittlung von Bildkompetenzen zählt er explizit zu den »substanziellen fachlichen Bildungsaufgaben des Kunstunterrichts«. Rolf Niehoff, Dimensionen der Bildkompetenz(en) – aus kunstdidaktischer Perspektive, in: Hölscher/Niehoff/Pauls 2012 (wie Anm. 3), S. 109-121, hier S. 112.

6 Zu Vermittlungskonzept und Zielen des seit 2007/2008 bestehenden kunsthistorischen Programms der KinderUni Dortmund vgl. umfassend Barbara Welzel (Hg.), Weltwissen Kunstgeschichte. Kinder entdecken das Mittelalter in Dortmund (Dortmunder Schriften zur Kunst/Studien zur Kunstdidaktik 10), Dortmund 2009. Zu den Ausnahmen zählt auch das 2009 gegründete Geisteswissenschaftliche Schülerlabor der Ruhr-Universität Bochum.

7 Als ein Beispiel für ein kunstwissenschaftliches Schulprojekt im Geschichtsunterricht vgl. Philipp Zitzlsperger, »Linke« Kunstgeschichte ist ... an die Schule zu gehen. In: kritische berichte, Heft 3, 2006, S. 38-43.

8 Vgl. Klaus Krüger und Karin Kranhold (Hg.), Bildung durch Bilder. Kunstwissenschaft in der schulischen Unterrichtspraxis. Ausst. Kat. Berlin, Universitätsbibliothek der Freien Universität Berlin, 28.09.2010 bis 11.11.2010, Berlin 2011. Vgl. außerdem die Projekt-Website www.bildung-durch-bilder.de (Zugriff am 20.09.2012).

9 In Berlin und Brandenburg beginnen Gymnasien beziehungsweise Sekundarschulen regulär mit der 7. Jahrgangsstufe, bieten aber auch grundständige Züge ab der Jahrgangsstufe 5 an.

10 Eine qualitative Bewertung der Teilprojekte wurde durch die Schülerinnen und Schülern, die Lehrkräfte und die beteiligten Studierenden vorgenommen. Zwei Projekte wurden zudem im Rahmen einer erziehungswissenschaftlichen Magisterarbeit empirisch begleitet; vgl. Christina Esche »Die Führung als Allheilmittel der Museumspädagogik? Eine Pre-Post-Befragung von Berliner SchülerInnen im Alter von zehn bis zwölf Jahren über ihr Museumsbild.« Technische Universität zu Berlin, Magisterarbeit, 2008.

11 Ein vergleichbarer interdisziplinärer Ansatz liegt auch einem umfangreichen aktuellen Projekt zur Vermittlung von Baukultur an Schulen zugrunde, vgl. Eva-Maria Kabisch, Voraussetzungen und konzeptionelle Leitlinien des Projektes, in: Wüstenrot Stiftung (Hg.), Baukultur. Gebaute Umwelt. Curriculare Bausteine für den Unterricht, Ludwigsburg 2010, S. 11-17, hier S. 14.

12 Einzelne Teilprojekte wurden zudem in den Musikunterricht oder in die für Berlin und Brandenburg spezifischen Seminarkurse integriert, die von den Schulen thematisch flexibel gestaltet werden können und der Vorbereitung einer für das Abitur relevanten Facharbeit dienen. Hier sind zum Beispiel Kurse zu »Geschichte und Film« möglich.

13 Zum Verhältnis von Produktion und Rezeption heißt es im Berliner Rahmenlehrplan weiter: »Im Kompetenzbereich Rezeption erwerben und nutzen die Schülerinnen und Schüler ihre Erfahrungen mit den Gestaltungsmitteln und

ihre Kenntnisse über Gestaltungsregeln zur Auseinandersetzung mit vorgefundenen Bildern. In dieser bewussten Wahrnehmung steigern sie ihre Erlebnisqualität und Genussfähigkeit ebenso, wie sie über die kritische Analyse zu einem Verständnis von Bedeutung und Zusammenhang gelangen und Stellung beziehen können.« Kerncurriculum für die Qualifikationsphase, in: Senatsverwaltung für Bildung, Jugend und Sport Berlin/Ministerium für Bildung, Jugend und Sport des Landes Brandenburg/Ministerium für Bildung, Wissenschaft und Kultur Mecklenburg-Vorpommern (Hg.), Rahmenlehrplan für die gymnasiale Oberstufe. Bildende Kunst, Berlin 2006, teilweise überarbeitet 2010, S. 5-21, hier S. 9, 13f. und 16.

14 In Anbetracht der vielfältigen hohen Erwartungen an die ästhetische Bildung im Allgemeinen postulierte Bilstein eine regelrechte »utopische Überlastung« des Fachs; Johannes Bilstein, Die Schule der Kunst, in: Eckart Liebau und Jörg Zirfas (Hg.), Die Kunst der Schule. Über die Kultivierung der Schule durch die Künste. Bielefeld 2009, S. 69-90, hier S. 84. Barbara Welzel erkennt bereits in der Praxis der »Lehrerinnen- und Lehrerbildung [...] große Spannungen in der Professionalisierung, will man beide Fachgebiete – Künstlerisches Arbeiten und Kunstwissenschaft / Kunstgeschichte – an die aktuellen künstlerischen und wissenschaftlichen Standards koppeln«; Barbara Welzel, Bildende Kunst, in: Wüstenrot Stiftung 2010 (wie Anm. 11), S. 116-137, hier S. 116. Eine klare Betonung produktiver Kompetenzen wird auch in einem aktuell publizierten nordrhein-westfälischen Unterrichtsprojekt mit kunsthistorischem Bezug deutlich: »Die Auseinandersetzung mit Werken aus unterschiedlichen Zeiten und Entstehungszusammenhängen im Kunstunterricht kann mit dem Ziel geschehen, Werke verschiedener Epochen nicht nur über das Veränderliche aufzufassen und voneinander abzugrenzen, sondern nach ›Zeitunabhängigem‹ zu fragen, das nach wie vor Gültigkeit hat und auch für die eigene Gestaltung zur Verfügung steht.« Karina Pauls, BildGeschichte im Kunstunterricht am Beispiel einer gestalterischen und rezeptiven Auseinandersetzung mit Porträts in einem Grundkurs der Jahrgangsstufe 12, in: Hölscher 2012 (wie Anm. 3), S. 123-135, hier S. 123.

15 Die Geschichtsdidaktik widmet sich seit den 1980er Jahre verstärkt dem Einsatz visueller Medien im Unterricht, wobei sich konträre Positionen entwickelt haben: Auf der einen Seite wird in der Tradition der Historischen Bildforschung die Einschränkung des Bildbegriffs auf gegenständliche Malerei gefordert und eine auf Erwin Panofskys ikonologischem Modell aufbauende Interpretation propagiert; vgl. Hans-Jürgen Pandel, Bildinterpretation. Zum Stand der geschichtsdidaktischen Bildinterpretation, in: Saskia Handro und Bernd Schönemann (Hg.), Visualität und Geschichte, Münster 2011, S. 69-87. Auf der anderen Seite steht das unterschiedlichste visuelle Strukturen umfassende Bildkonzept einer Visual History mit der Auffassung, die »autonome Kraft des Ästhetischen als eigenen, die Geschichte mitgestaltenden Faktor anzuerkennen«; Gerhard Paul, Die (Zeit-)Historiker und die Bilder. Plädoyer für eine Visual History, in: ebenda, S. 7-21, hier S. 12. Der Text-Bild-Didaktik im Deutschunterricht kommt in den letzten Jahren ebenfalls eine verstärkte Aufmerksamkeit zu, wobei sich die entsprechenden Untersuchungen vor allem auf die unteren Schuljahrgänge beziehen; vgl. Mechthild Dehn u. a. (Hg.), Zwischen Text und Bild. Schreiben und Gestalten mit neuen Medien, Freiburg im Breisgau 2004. Zu einem Vorschlag für den Deutschunterricht in der Oberstufe vgl. Elisabeth K. Paefgen, Blicke der Seele, Blicke des Körpers. Edouard Manets Gemälde »Im Wintergarten« und Thomas Manns »Buddenbrooks« in Text und Filmbildern, in: Petra Josting und Hartmut Jonas (Hg.), Intermediale und interdisziplinäre Lernansätze, München 2007, S. 21-36.

16 Kerncurriculum Senatsverwaltung für Bildung, Jugend und Sport Berlin/Ministerium für Bildung, Jugend und Sport des Landes Brandenburg (Hg.), Rahmenlehrplan für die gymnasiale Oberstrufe. Geschichte. Berlin 2006, S. 5-27, hier S. 20f. Für den Deutschunterricht der Oberstufe sind entweder »Wechselwirkungen zwischen Bildender Kunst, Musik und Literatur am Beispiel der Romantik« oder »literarisches und filmisches Erzählen im Vergleich« ein Pflichtthema; Kurshalbjahre, in: Kerncurriculum Senatsverwaltung für Bildung, Jugend und Sport Berlin/Ministerium für Bildung, Jugend und Sport des Landes Brandenburg (Hg.), Rahmenlehrplan für die gymnasiale Oberstufe. Deutsch, Berlin 2006, S. 21-23, hier S. 22.

17 Zum kunsthistorischen Blick auf den illustrierenden Gebrauch von Abbildungen in Geschichtslehrbüchern vgl. Gabriele Bickendorf, Die Geschichte und ihre Bilder vom Mittelalter. Zur »longue durée« visueller Überlieferung, in: Bernd Carqué (Hg.), Visualisierung und Imagination. Materielle Relikte des Mittelalters in bildlichen Darstellungen der Neuzeit und Moderne, Göttingen 2006, S. 103-152. Vgl. hierzu auch Regine C. Hrosch, Die historische Quelle Bild als Problem der Geschichtswissenschaft und der Vermittlung von Geschichte, Oldenburg 2008.

18 Außerdem fanden interdisziplinäre Workshops statt, die Einbindungsmöglichkeiten kunsthistorischer Inhalte in verschiedenen Unterrichtsfächern – Religion, Geschichte oder Deutsch – zum Inhalt hatten. Die in der Kooperation engagierten Lehrkräfte konnten zur Unterstützung von Unterrichtsvorhaben zudem einen befristeten Zugriff auf die umfangreichen E-Learning-Ressourcen des Kunsthistorischen Instituts erhalten. Zur Unterstützung der Schülerinnen und Schüler bei der Konzeption von Facharbeiten wurden auch mehrere zielgruppenspezifische Einführungen in das wissenschaftliche Arbeiten und die Nutzung einer Bibliothek angeboten.

19 Vgl. Caroline Zöhl, Hören, sehen, erinnern. Mittelalterliche Illustrationskonzepte zur Apokalypse, in: Krüger/Kranhold 2011 (wie Anm. 8), S. 19-21.

20 Vgl. Matthias Weiß, Bildkompetenz für und durch Musikvideos von Madonna, in: Krüger/Kranhold 2011 (wie. Anm. 8), S. 9-11.

21 Die Unterrichtspraktika im Projekt »Bildung durch Bilder« wurden von den 70 beteiligten Studentinnen und Studenten mehrheitlich als ausgesprochen positive Erfahrung bewertet und zeigten teilweise konkrete Auswirkungen auf die geplante berufliche Ausrichtung.

22 Die von den Studierenden entwickelten Arbeitsblätter führen ein breites Spektrum möglicher Vermittlungsstrategien und altersgerechter Umsetzung kunstwissenschaftlicher Inhalte und Methoden vor Augen: So übernimmt die gezeichnete Detektivgestalt »Kid the Cat« auf Arbeitsblättern zu skulpturalen Techniken die Kommunikation mit den Kindern der fünften Klasse, Sechstklässler werden im Kunstunterricht in Anlehnung an die Ideen Alfred Lichtwarks zu umfangreichen Wahrnehmungsübungen vor Bronzeplastiken des 16. Jahrhunderts angeregt, im Lateinunterricht der neunten Klasse gilt es, Inschriften auf Grabmälern und Altären zu entziffern und in ihrem Verhältnis zum Bild einzuordnen, und die Jugendlichen der 12. Klasse erwartet im Geschichtsunterricht zum Beispiel eine vergleichende Analyse des ästhetischen Erscheinungsbildes von Werken des Mittelalters und der Renaissance. Zu den Zielen Lichtwarks vgl. Alfred Lichtwark, Übungen in der Betrachtung von Kunstwerken: nach Versuchen mit einer Schulklasse, 11. Auflage, Berlin 1918.

23 Die besondere Bedeutung des Aufsuchens der Originale für den Vermittlungsprozess betont auch Barbara Welzel: »Kulturelle Bildung heißt […] immer auch, an die Orte zu gehen, Europa in seiner kulturellen Topografie ganz konkret aufzusuchen und die historischen wie kulturellen Tiefendimensionen aufzudecken und der affektiven Aneignung zur Verfügung zu stellen.« Barbara Welzel, Kunstgeschichte und kulturelles Gedächtnis: Zur Integration historischer Kunstwerke in Bildungsprozesse, in: Klaus-Peter Busse und Karl-Josef Pazzini (Hg.), (Un)Vorhersehbares Lernen: Kunst-Kultur-Bild (Dortmunder Schriften zur Kunst/Studien zur Kunstdidaktik 6), Dortmund 2008, S. 161-169, hier S. 169.

24 Das Projekt mit dem Titel »Orange oder Die Früchte Abrahams« erstreckte sich über insgesamt eineinhalb Jahre und wurde vom Berliner Projektfonds Kulturelle Bildung gefördert. Die Arbeitsergebnisse – Fotografien und eine Rauminstallation –, die in der gemeinsamen Arbeit mit Simon Wachsmuth und Lidwien van de Ven entstanden, wurden abschließend in zwei Ausstellungen in der Schule und der Freien Universität präsentiert. Siehe auch http://www.bildung-durch-bilder.de/orange (Zugriff am 24.09.2012).

25 Eine entsprechende Ziel des Engagements an Schulen sieht Zitzlsperger, wenn er betont, dass die »Kunstgeschichte als Geisteswissenschaft ihre Forschung und ihre Relevanz an die Schule« tragen und damit letztlich einen entscheidenden Beitrag zur gesellschaftlichen Legitimation der Fachdisziplin leisten solle; Zitzlsperger 2006 (wie Anm. 7), S.42.

26 Vgl. hierzu Welzel 2008 (wie Anm. 23), S. 165ff.

KUNSTGESCHICHTE ALS IMPULSGEBER
Neue Wege der kunsthistorischen und kunstpädagogischen universitären Ausbildung am Beispiel der Bildungspartnerschaft zwischen der Justus-Liebig-Universität Gießen und der Schirn Kunsthalle Frankfurt

Sylvia Metz

Seit dem Sommersemester 2009 arbeiten das Institut für Kunstpädagogik (IfK) der Justus-Liebig-Universität Gießen (JLU) und die Schirn Kunsthalle Frankfurt in Form einer gemeinsamen Kooperation zusammen, die den Namen »Bildungspartnerschaft« trägt.[1] Ziel der Bildungspartnerschaft ist es, Studierenden bereits während ihres Studiums einen Einblick in potentielle spätere Berufsfelder zu ermöglichen, sich in diesen unter professioneller Anleitung erfahrener Kunsthistoriker und -pädagogen selbst zu erproben und somit nicht zuletzt auch einen eigenen Zugang zur Kunst, ihrer Erforschung und Vermittlung zu erhalten. Zudem soll mit der Kooperation einerseits der recht strikten Trennung von kunsthistorischen und kunstpädagogischen Tätigkeitsfeldern in der musealen Praxis, andererseits dem Vorwurf der Praxisferne der Universität entgegengewirkt werden. Die drei Projekte, die bislang gemeinsam vom IfK und der Schirn durchgeführt und abgeschlossen wurden, zeichnen sich daher alle durch eine enge Verzahnung der Bereiche »kunsthistorische Forschung«, »kuratorische Praxis« und »kunstpädagogische Vermittlung« aus.[2]

Das erste Projekt wurde als zweisemestrige Veranstaltung konzipiert und bezog sich auf die Ausstellung »László Moholy-Nagy. Retrospektive«, die vom 8. Oktober 2009 bis zum 7. Februar 2010 in der Schirn zu sehen war. Im ersten Teil erarbeiteten sich dreißig BA- und Magister-Studierende der Kunstgeschichte und Kunstpädagogik die kunsthistorischen Grundlagen der Ausstellung. Zudem wurden die Studierenden durch mehrere Treffen mit der Kuratorin der Ausstellung, Dr. Ingrid Pfeiffer, bereits ein halbes Jahr vor der Eröffnung unmittelbar in den Entstehungsprozess der Retrospektive und in das Tätigkeitsfeld der Kuratorin involviert. So wurden beispielsweise mittels eines Architekturmodells gemeinsam mögliche Hängungen der Leihgaben erörtert und anhand erster Entwürfe die Katalogkonzeption diskutiert. Diese Treffen haben nicht nur umfassende Einblicke in die kuratorische Arbeit ermöglicht, sondern auch entscheidend zum Verständnis musealer beziehungsweise institutioneller Abläufe generell beigetragen.

Unter der Leitung der Kunstpädagogen der Schirn konzentrierte sich der zweite Teil der Veranstaltung auf die museale Praxis und fand vorwiegend direkt vor den Originalen in der inzwischen eröffneten Ausstellung statt.³ Mit dem kunsthistorischen Vorwissen aus dem ersten Teil, zu dem nun die Er-

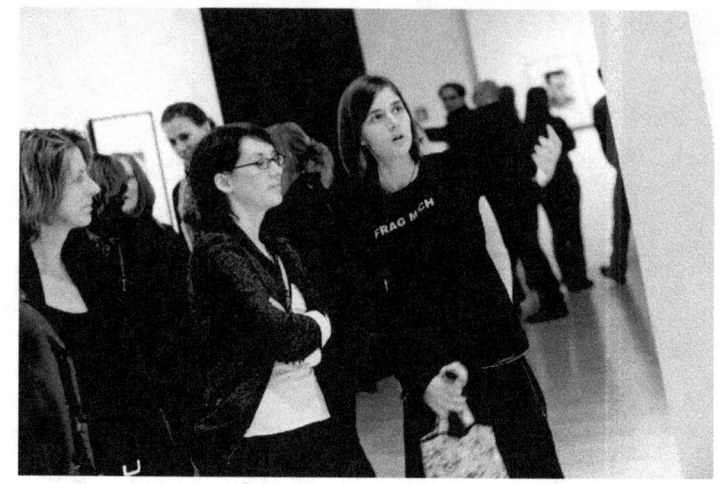

Abb. 1 Studierende der Justus-Liebig-Universität bei »Schirn at Night« im Rahmen der Ausstellung »Lászlo Moholy-Nagy. Retrospektive«. (Foto: Sascha Rheker, © Schirn Kunsthalle Frankfurt 2009)

arbeitung didaktischer Konzepte hinzukam, konnten die Studierenden verschiedene Vermittlungsmethoden unmittelbar vor den Kunstwerken erproben, bevor sie selbst vermittelnd tätig wurden. Dies geschah zunächst mit erwachsenen Besucher/innen im Rahmen der Museumsnacht »Schirn at Night«, bei der die Studierenden bekleidet mit einem T-Shirt mit der Aufschrift »Frag mich!« die Besucher zum Dialog aufforderten und damit eine klassische museumspädagogische Situation einübten (Abb. 1). Die zweite Aufgabe war etwas komplexer und beinhaltete die Vermittlung der Ausstellung an Schulklassen (5.-7. Klasse) in Form von drei »Schülertagen«. Hierzu konzipierten die Studierenden Workshops, in denen mit den Schüler/innen über die Ausstellung gesprochen und auch bildnerisch-praktisch gearbeitet wurde (Abb. 2).

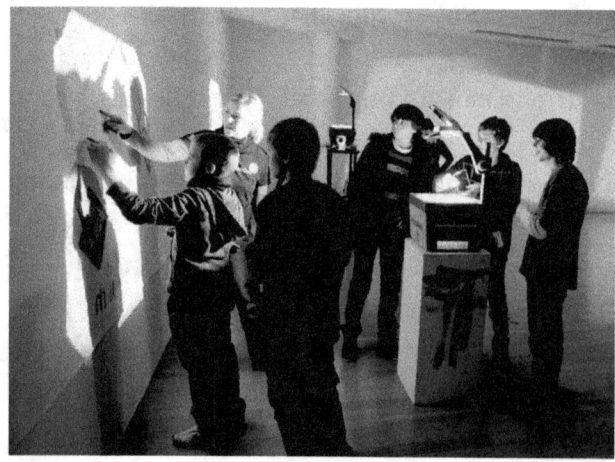

Abb. 2 Schülertage im Rahmen der Ausstellung »Lászlo Moholy-Nagy. Retrospektive«. (Foto: Sascha Rheker, © Schirn Kunsthalle Frankfurt 2009)

Nach dem durchweg positiven Feedback auf das erste Projekt, das in einer Evaluation nach Projektende von den Studierenden ausschließlich Bestnoten erhielt,[4] wurde die Kooperation zwischen den beiden Institutionen verfestigt und das zweite Projekt um eine weitere Ebene erweitert: Die Studierenden sollten nun, zusätzlich zur Aneignung des kunsthistorischen Fachwissens, in der kunstpädagogischen Vermittlungsarbeit die Schüler selbst künstlerisch tätig werden lassen und mit ihnen die Ergebnisse in einer eigenen Ausstellung präsentieren (Abb. 3-4).

Dieses Mal fanden die beiden Seminare parallel statt (im Wintersemester 2010/11). Die Grundlage für beide Veranstaltungen, die wie auch im ersten Projekt eng aufeinander abgestimmt waren, bildete die Schirn-Ausstellung »Surreale Dinge. Skulpturen und Objekte von Dalí bis Man Ray«. Zwei Monate lang setzten sich 360 Schüler/innen der Jahrgangsstufen 9 bis 13 mit unterschiedlichem Bildungsstand und unterschiedlicher sozialer Herkunft unter Anleitung von Lehrenden und Studierenden des IfK und Museumspädagog/innen der Schirn mit dem Thema »Surrealismus« und der Ausstellung in der Schirn auseinander und wendeten künstlerische Strategien der Surrealis-

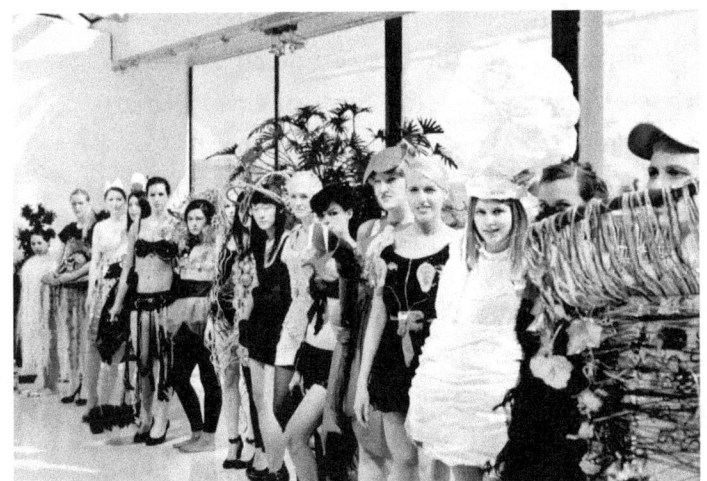

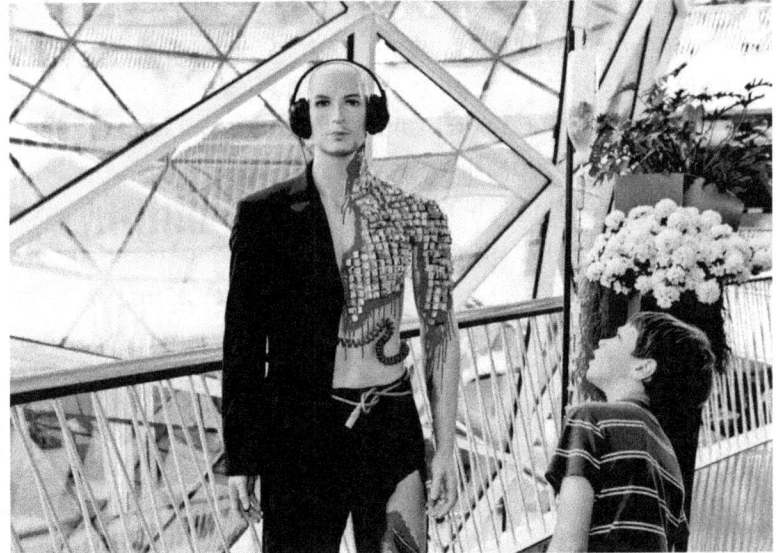

Abb. 3 und 4 Schüler-Projekt im Shopping Center »MyZeil« im Rahmen der Ausstellung »Surreale Dinge«.
(Fotos: Norbert Miguletz, © Schirn Kunsthalle Frankfurt 2011)

ten in eigenen künstlerischen Arbeiten an.[5] Dabei konnten die Schüler/innen auf die Waren des Shopping-Centers »My Zeil« zurückgreifen, einem der größten in der Innenstadt Frankfurts gelegenen Einkaufszentren, in dem auch die Ergebnisse ihrer künstlerischen Auseinandersetzung vom 11. bis 25. April 2011 in Form einer Ausstellung präsentiert wurden.[6]

Für viele der teilnehmenden Schüler/innen war dieses Großprojekt die erste tiefgreifende Auseinandersetzung mit Kunst, für manche sogar der erste Besuch in einer Kunst- und Kulturinstitution überhaupt. Wie eine der Schülerinnen mit Migrationshintergrund berichtete, herrsche bei ihr zu Hause ein stark museumsfeindliches Klima. Innerhalb der Familie habe sich konsequent die Vorstellung festgesetzt, dass Museen und Kunst im Allgemeinen nur für diejenigen Gesellschaftsschichten konzipiert worden seien, die sich »für etwas Besseres« hielten. Als ein besonderer Erfolg der Kooperation ist in diesem Zusammenhang zu werten, dass die Schülerin, nach eigenen Aussagen und initiiert durch das Projekt, Lust dazu bekommen hat, sich selbstständig weiter mit Kunst auseinanderzusetzen: Sie will nun gemeinsam mit ihren Freundinnen Museen besuchen.[7]

Diese veränderte aktive und positive Haltung zur Kunst, die eng verknüpft mit einem spürbar gewandelten Zugang zur eigenen Selbstwahrnehmung und -reflexion ist, der sich auch in weiteren Interviews mit am Projekt mitwirkenden Schüler/innen deutlich zeigte, beweist die Notwendigkeit einer stärkeren Integration von kunsthistorischen, kunstpädagogischen und kuratorischen Inhalten in den schulischen Alltag. Die Freiheit, das vorliegende Projekt und die anderen Projekte der Kooperation unabhängig von Diskursen zu verwirklichen, wie sie innerhalb des Faches Kunstpädagogik derzeit geführt werden,[8] vielmehr die Projekte zielgruppenspezifisch und durch Kategorien, die durch kunsthistorisches Denken vorgegeben wurden, zu konzipieren, hat dazu beigetragen, die einzelnen Projekte erfolgreich den Bedingungen und Bedürfnissen der Gruppen entsprechend anzupassen und durchzuführen. In Anlehnung an die Beuys'sche Vorstellung, dass Kunst die Gesellschaft heilen und verändern könne, wird in den Projekten einerseits eine schon fast therapeutisch zu bezeichnende Wirkung der Kunst für das Individuum sichtbar, die sich besonders durch den oben skizzierten veränderten Zugang zur Kunst und zu sich selbst manifestiert. Entsprechend ihrer jeweiligen Möglichkeiten haben die Schülerinnen und Schüler und die Studierenden und Lehrenden ganz individuell von den Projekten mit ihren vielfältigen Erfahrungsebenen und Austauschmöglichkeiten profitiert. Zudem muss auch die gesellschaftliche Relevanz betrachtet werden, die in einem solchen Konzept enthalten ist: Durch die frühzeitige, gezielte Heranführung an Kunst, ihre Geschichte, Theorie und Vermittlung (zu der, aus einem anderen Blickwinkel betrachtet, auch die kuratorische Arbeit gehört) können Kinder und Jugendliche dazu befähigt werden, ihre persönlichen, interkulturellen, historischen und sozialen Kompetenzen zu erweitern. Später, als verantwortungsbewusste Erwachsene, die mit Kunst und Kultur vertraut sind, können sie diese Kompetenzen zum Erhalt des kulturellen Erbes nutzen, da sie dieses (an)erkennen und dessen Bewahrung als eine Notwendigkeit betrachten. Grundlegend im Sinne eines nachhaltigen Impulses ist hier – das haben die Evaluationen der Projekte und die Interviews mit teilnehmenden Studierenden und Schülergruppen gezeigt – die Erarbeitung eines kunsthistorischen Verständnisses, das für alle Projekte die Basis für darauf aufbauende kunstpädagogische Arbeit legte.[9]

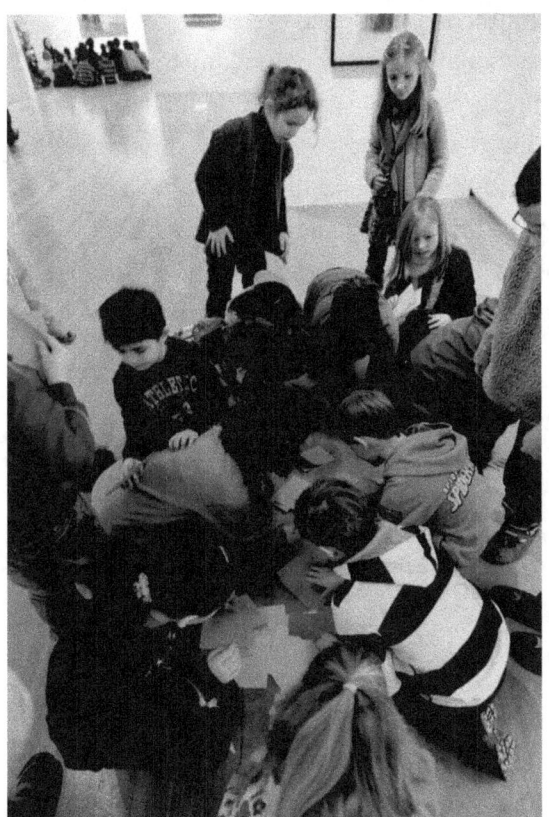

Abb. 5 Schülertage im Rahmen der Ausstellung »Edvard Munch. Der moderne Blick«. (Foto: Dirk Ostermeier, © Schirn Kunsthalle Frankfurt 2012)

Dabei ist eine altersgerechte Heranführung an die Kunstgeschichte zentral. So setzte das letzte bislang abgeschlossene Projekt der Bildungspartnerschaft, das sich im Wintersemester 2011/12 auf die Arbeit mit Grundschulkindern konzentrierte, auf eine spielerisch orientierte Vermittlung kunsthistorischer Inhalte (Abb. 5). In sieben Stationen, die während eines »Schülertages« in der Ausstellung »Edvard Munch. Der moderne Blick« in der Schirn aufgebaut und von Studierenden des IfK vorbereitet und betreut wurden, erhielten die Kinder zum Beispiel mittels Farbkarten, Spielen und einer kleinen Bühne einen bewusst spielerischen Einstieg in die Ausstellungsthematik. Entscheidend war für die fachliche Vorbereitung der Studierenden wiederum das Ineinandergreifen zweier aufeinander bezogener kunsthistorischer und kunstpädagogischer Seminare unter Berücksichtigung kuratorischer Aspekte.[10]

Eine Befragung der Studierenden nach Projektende und dabei ein Vergleich zwischen Seminarteilnehmer/innen, die beide Seminare besucht haben, und solchen, die entweder nur an dem kunsthistorischen oder dem kunstpädagogischen Seminar teilgenommen haben,[11] zeigte in der Selbsteinschätzung einen signifikanten Unterschied beim Wissen über Künstler und Ausstellung und bei der Verinnerlichung des behandelten Stoffes. Während diejenigen Studierenden, die an beiden Seminaren teilgenommen haben, einen höheren Lernerfolg bei sich selbst feststellten als in anderen bislang besuchten, sich nicht aufeinander beziehenden kunsthistorischen oder kunstpädagogischen Seminaren, konnte bei den anderen beiden Gruppen kein vergleichbares Bewusstsein eines Lernerfolges festgestellt werden.

Trotz aller Subjektivität, die mit einer solchen Selbsteinschätzung einhergeht, belegt die Untersuchung, wie auch die schriftlichen Feedback-Äußerungen, das Bedürfnis der Studierenden nach einer stärkeren Verzahnung von kunsthistorischem, kuratorischem und kunstpädagogischem Wissen innerhalb der universitären Ausbildung. Die Tatsache, dass ein Großteil der Studierenden, die am dritten Projekt der Kooperation partizipierten, bereits an einem oder an den beiden vorherigen Projekten teilgenommen hatte und längst keinen Leistungsnachweis mehr in diesem Modul benötigte, sollte als Ermutigung verstanden werden, Kunstgeschichte und Kunstpädagogik generell als gleichberechtigte und miteinander fruchtbar zusammenwirkende Partner zu begreifen. Beiden wäre es zu wünschen, sowohl innerhalb der Universität als auch in den Schulen gemeinsam neue Wege der Bildung zu beschreiten.

1 Die Kooperation mit der Schirn ist auf universitärer Ebene an die Professur für Kunstgeschichte am IfK (Prof. Dr. Claudia Hattendorff) angebunden. Initiiert wurde die Bildungspartnerschaft im Jahr 2008 von der Autorin des vorliegenden Beitrags in ihrer Funktion als Mitarbeiterin an der genannten Professur; sie wird bis heute von ihr wissenschaftlich begleitet.

2 Das vierte Projekt findet aktuell im Wintersemester 2012/13 statt. Anlässlich der Schirn-Ausstellung »Gustave Caillebotte. Ein Impressionist und die Fotografie« werden zwei inhaltlich abgestimmte und stellenweise verflochtene Veranstaltungen angeboten: aufseiten des IfK ein Seminar »Maler des modernen Lebens. Caillebotte, Monet, Pissarro und andere« (Hattendorff), aufseiten der Schirn ein Projektseminar »Methoden der Vermittlung ›Gustave Caillebotte. Ein Impressionist und die Fotografie‹ in der Schirn Kunsthalle Frankfurt« (Fabian Hofmann, Laura Heeg). Erneut werden die Studierenden der JLU aktiv in die Vermittlungsarbeit der Schirn eingebunden, diesmal im Rahmen der »Schülertage« der Schirn im Januar 2013.

3 Das kunsthistorische Seminar wurde von der Autorin, das kunstpädagogische Seminar in der Schirn Kunsthalle von Fabian Hofmann und Irmi Rauber geleitet.

4 Als besonders positiv wurde von den teilnehmenden Studierenden die Verzahnung von Theorie und Praxis bewertet. Auf die Frage, was den Studierenden am besten gefallen habe, wurde mehrheitlich der Einblick in die kuratorische und kunstpädagogische Praxis, das Arbeiten mit Originalen und Besuchern genannt. Vgl. hierzu und zum detaillierten Ablauf des ersten Projektes: Sylvia Metz und Fabian Hofmann, »Theorie im Praxistest«. Interdisziplinäres Studium am Beispiel einer Bildungspartnerschaft der Universität Gießen und der Schirn Kunsthalle Frankfurt, in: BDK-Mitteilungen, 3/2010, S. 16-17.

5 Das kunstpädagogische Seminar stand unter der Leitung von Fabian Hofmann und Irmi Rauber, das kunsthistorische Seminar wurde wieder von der Autorin durchgeführt.

6 Eine ausführliche Beschreibung des Projektverlaufs geben Fabian Hofmann und Irmi Rauber in: Eine »surreale« Bewegung zwischen Schule, Museum und Einkaufszentrum. Rückblick auf ein Großprojekt im Wechselspiels individueller und gemeinsamer Prozesse und Erfahrungen, in: BDK-Mitteilungen 2/2012, S. 19-23.

7 Interview der Autorin mit einer 16-jährigen Schülerin, 11.04.2011. Vgl. auch: Sylvia Metz, »War doch echt cool.« Ein etwas anderes Fazit zum aktuellen Projekt im Rahmen der Bildungspartnerschaft zwischen der JLU Gießen und der Schirn Kunsthalle Frankfurt, in: uniforum. Zeitung der Justus-Liebig-Universität (24), 3/2011, S. 10.

8 Einen Überblick über die aktuellen Diskussionen innerhalb des Faches Kunstpädagogik gibt Claudia Hattendorff in ihrem Beitrag »Konvergenzen und Divergenzen zwischen Kunstgeschichte und Kunstpädagogik heute« in diesem Band.

9 Vgl. zur Schlüsselfunktion von kunsthistorischer Bildung auch den Beitrag von Barbara Welzel in diesem Band.

10 Das kunsthistorische Seminar wurde von Dr. Gerd Steinmüller am IfK angeboten, die kunstpädagogische Veranstaltung von Katharina Bühler und Fabian Hofmann in der Schirn Kunsthalle.

11 Die Wahlmöglichkeit, entweder beide Seminare zu besuchen oder auch nur an dem kunsthistorischen oder kunstpädagogischen Seminar teilzunehmen, entspricht nicht dem Sinn der Kooperation, ist aber aufgrund der Gegebenheiten in den modularisierten Studiengängen nicht zu verhindern. Im hier vorgestellten Projekt wurde diese Tatsache von der Autorin für die Untersuchung der sich daraus ergebenden unterschiedlichen Teilgruppen genutzt. Alle Angaben, die zuvor in diesem Beitrag über teilnehmende Studierende getroffen wurden, bezogen sich auf Studierende, die beide Seminare besucht haben.

FLORENTINER APPELL
Ein starkes Zeichen für Europa:
Kunstgeschichts-Unterricht in den Ländern der Union

Jahr für Jahr erkunden Millionen von Europäern Landschaften, Museen, Relikte der Vergangenheit und zeitgenössische Kunstwerke ihrer europäischen Nachbarn. Wie wollen wir es schaffen, aus dieser beeindruckenden Tatsache ein europäisches Kapital zu schlagen, das dazu beiträgt, ein gemeinsames Europa zu bauen? Indem wir durch schulische Ausbildung schlichten Konsum in einen kulturellen Prozess verwandeln, indem wir dazu beitragen, ein Bewusstsein von dem gemeinsamen Erbe herzustellen, von einer künstlerischen Produktivität im Zeichen kulturellen Austausches, die sich seit Jahrtausenden zwischen Segovia und Krakau, Athen und Edinburg oder Kopenhagen, Florenz, München und Budapest ausgebildet hat.

Verleihen wir dem Kunstgeschichtsunterricht, der bis heute nur in einigen wenigen Ländern existiert, eine europäische Dimension, richten wir ihn überall in Europa ein, dann geben wir einem zukünftigen Europa der Kultur eine Dynamik, die die Bürger Europas mit ihrer Geschichte verbindet.

War diese Geschichte Europas lange Zeit von Konflikten geprägt, die dessen Völker entzweiten, von Verträgen, die ein Territorium zersplitterten, von Sprachen, die willkürlich aufgezwungen wurden, von kulturellen Fremdherrschaften, wird die Funktionsweise der Union von den meisten als etwas Kompliziertes und Unverständliches empfunden, so stellt die Geschichte der Kunst für Europa einen kontinuierlichen Prozess des Austausches dar, der gegenseitigen Bereicherung auf allen Ebenen schöpferischer Leistung in einem gemeinsamen Raum, vom einfachen Dorfmaurer, der das Wissen und die architektonischen Fertigkeiten umsetzt, die in ganz unterschiedlichen Ländern ausgebildet wurden, bis hin zu Leonardo da Vinci, Picasso und Ingmar Bergman. Durch den Beitrag der »Barbaren« konnte Rom das künstlerische Erbe der griechischen Zivilisation wiederbeleben; im Spanien der Omayaden etablierte sich eine brillante Synthese von arabischen und europäischen Kulturen, und dies nicht nur in der Architektur; und vor dem Ersten Weltkrieg prägt der Jugendstil eine europäische Sprache der Kunst aus, die nationale und sprachliche Spannungen überwindet.

Ein schulischer Kunstgeschichtsunterricht in den Ländern der Gemeinschaft würde allen Einwohnern ermöglichen, den Geist einer künstlerischen Gemeinschaft zu verstehen, der Europa seit mehr als drei Jahrtausenden vereint. Kunstwerke – von der Moschee von Cordoba bis zu den Wasserturm-Fotos der Bechers – liefern in historischer Perspektive die beste Einführung in Religionen, gegenseitige geistige Inspirationsprozesse und Zivilisationen, die die Geschichte des Kontinents geprägt haben. Und sie zeigen die Rolle an, die Europa in der aktuellen globalen Kultur spielt, in der künstlerische Ausdrucksformen neue Wege beschreiten und sich der kulturelle Austausch beschleunigt und vermehrt.

Die Sprache der Bilder ist eine allen Einwohnern Europas gemeinsame Ausdrucksform, und sie ist gleichzeitig in zeitgenössischen Kommunikationsformen überaus präsent. Führte man in allen 27 Ländern der Europäischen Gemeinschaft einen wöchentlich mindestens einstündigen Kunstgeschichtsunterricht ein, so würde man jedem jungen Europäer wertvolle Begegnungen mit dem künstlerischen Reichtum seiner Stadt, seines Landes und Europas bieten. Wir würden ihn anleiten, die Monumente seiner Nachbarländer reisend zu entdecken und damit einen Beitrag zur geschichtlich-kulturellen Integration liefern. Im Blick auf alle künstlerischen Ausdrucksformen, von den Industriedenkmälern bis zu den schönen Künsten, von den archäologischen Ausgrabungen bis zu den modernsten Schöpfungen, wäre eine solche Ausbildung naturgemäß offen: offen gegenüber allen Mitgliedern und Völkern des heutigen Europa und damit geeignet, die Überlieferungen der europäischen Zivilisation mit den Kulturen der Welt fruchtbar zu vergleichen. Offen der Zukunft zugewandt und im Dienst lebendiger Schöpferkraft.

Ein überall in Europa vermittelter kunstgeschichtlicher Unterricht von der Grundschule bis zum Gymnasium: Das ist eine Geste, die die Gemeinschaft Europa schuldet, den kommenden Generationen und dem Bewusstsein seiner eigenen Zukunft.

Der Verband Deutscher Kunsthistoriker unterstützt diesen Appell; er kann mitgezeichnet werden unter: www.kunsthistoriker.org/florentiner_appell.html oder http://appeldeflorence.apahau.org

EINE STUNDE KUNSTGESCHICHTE

Als Kunsthistorikerinnen und Kunsthistoriker bringen wir für Schülerinnen und Schüler eine Stunde Kunstgeschichte in verschiedene Fächer und Themenzusammenhänge ein. Wir möchten damit
- zur Teilhabe an der reichen kulturellen Überlieferung unserer Welt beitragen,
- einen Zugang zum gegenwärtigen Kunstschaffen eröffnen,
  einen Einblick in die aktuelle Architektur sowie die gegenwärtigen Debatten um Stadtplanung und Denkmalpflege geben,
- Methoden eines kritischen, wissenschaftlich abgesicherten Umgangs mit Bildern aufzeigen.

»Eine Stunde Kunstgeschichte« ist ein Projekt, das ein Angebot für alle Schulfächer machen möchte. Innerhalb der curricularen Rahmenbedingungen geht es uns darum, Objekte, Methoden und Kompetenzen der Kunstgeschichte einzubringen. So mag Versailles als absolutistisches Schloss und Erinnerungsort europäischer Geschichte (deutsche Reichsgründung, Versailler Vertrag) im Geschichtsunterricht vorgestellt werden, die Strukturen (Spiegelungen et cetera) gotischen Maßwerkes, textiler Ornamente oder von Einlegearbeiten in Stein wie Holz hingegen im Mathematikunterricht. Die kunstvollen Uhrenautomaten der Jahre um 1600 können im Physikunterricht sowohl das geozentrische Weltbild wie die Mechanik der Zeitmessung anschaulich machen; Bildbeschreibung als Thema des Deutschunterrichts kann in Dialog gesetzt werden mit den literarischen Beschreibungen der Kunstliteratur sowie den wissenschaftlichen Beschreibungen der Kunstwissenschaft. Landeskunde in den verschiedenen Philologien kann durch eine kunsthistorische Einheit bereichert werden; Sammlungsgeschichte passt in verschiedene naturwissenschaftliche Fächer und so weiter. Aufgezeigt werden kann die spezifische Bildlogik eines mythologischen Gemäldes, eines gegenstandslosen Werkes oder einer gegenwärtigen Bildkampagne; vorzustellen sind Kontroversen der Denkmalpflege, aktuelle Kunstereignisse wie die Documenta, die ältesten erhaltenen Kunstwerke der Region und vieles mehr.

Konkret:

Kunsthistorikerinnen und Kunsthistoriker nehmen Kontakt mit einer Schule, einer Klasse oder einer Lehrerin/einem Lehrer in ihrer Umgebung auf (die Schule der eigenen Kinder, der Patenkinder, befreundeter Lehrer, die ehemalige Schule, eine Schule in der Nachbarschaft etc.) und bringen dort »eine Stunde Kunstgeschichte« im Schuljahr oder im Halbjahr ein.

Teilnehmerinnen und Teilnehmer können sich in eine gemeinsame Liste eintragen und in einem zweiten Schritt dort ihre Aktivitäten notieren. Auf diese Weise wird eine Landkarte mit den verschiedenen Projekten erstellt:

www. einestundekunstgeschichte.de

Initiative: Prof. Dr. Barbara Welzel, Institut für Kunst und Materielle Kultur der Technischen Universität Dortmund.
Der Verband Deutscher Kunsthistoriker lädt Kunsthistorikerinnen und Kunsthistoriker herzlich zur Teilnahme an diesem Bildungsprojekt ein.

**Kontakt zur Aufnahme
in die Projektliste:**

Geschäftsstelle des
Verbandes Deutscher
Kunsthistoriker e.V.
Haus der Kultur
Weberstraße 59a
53113 Bonn

Telefon: 0228/18 034-182
eMail: info@kunsthistoriker.org

AUTORINNEN UND AUTOREN

Reinhold Baumstark
1944 geboren in Hahnenklee (Harz)
1966-1971 Studium der Kunstgeschichte, Archäologie und Alten Kirchengeschichte in Münster, München und am Warburg Institute, London
1971 Promotion in Münster: »Die Allegorien zu Krieg und Frieden des Peter Paul Rubens und seiner Werkstatt«
1972-1974 Stipendiat am Zentralinstitut für Kunstgeschichte, München
1974-1976 Sekretär für die Ausstellung »Kurfürst Max Emanuel – Bayern und Europa um 1700« am Bayerischen Nationalmuseum, München
1976-1992 Direktor der Sammlungen des Fürsten von Liechtenstein, Vaduz
1991-1999 Generaldirektor des Bayerischen Nationalmuseums, München
1999-2009 Generaldirektor der Bayerischen Staatsgemäldesammlungen
1992-1997 Erster Vorsitzender des Verbands Deutscher Kunsthistoriker
seit 2001 Honorarprofessor an der Ludwig-Maximilians-Universität, München
Forschungsschwerpunkte: Flämische Malerei des 17. Jahrhunderts, insbesondere Peter Paul Rubens; Antikenrezeption im 17. Jahrhundert; Geschichte des Sammelns und der Gemäldegalerien im 18. Jahrhundert.

Claudia Hattendorff
Studium der Kunstgeschichte, Klassischen Archäologie und Mittleren und Neueren Geschichte an der Universität Hamburg sowie der Kulturgeschichte am Warburg Institute der University of London. Promotion 1995 an der Universität Hamburg bei Prof. Dr. Martin Warnke mit einer Arbeit über Künstlerhommagen im 19. und 20. Jahrhundert. Danach Volontärin an der Staatsgalerie Stuttgart und Hochschulassistentin an der Philipps-Universität Marburg. Habilitation an der Universität Marburg mit einer Arbeit zum Thema Napoleon I. und die Bilder. Stipendiatin der Studienstiftung des deutschen Volkes und der Deutschen Forschungsgemeinschaft. Seit 2008 Professorin für Kunstgeschichte an der Justus-Liebig-Universität Gießen.
Forschungsschwerpunkte: Bild und Kunst im 19. und 20. Jahrhundert; politischer Bildgebrauch und herrscherliche Bilddiskurse; französische Kunst des 19. Jahrhunderts; Transfer künstlerischer Praktiken und Konzepte zwischen westlicher Welt und Ostasien in der zeitgenössischen Kunst.

Joseph Imorde
studierte Kunstgeschichte, Philosophie und Musikwissenschaft in Bochum, Rom und Berlin. Nach der Magisterarbeit zu »Außenbauformen im Innenraum« war er mehrere Jahre Redakteur der Architekturzeitschrift Daidalos. 1996 gründete er die Edition Imorde. Nach der Promotion zur römischen Festarchitektur des Barock wechselte er als Assistent an das Institut für Geschichte und Theorie der Architektur an die ETH Zürich. 2001 ging er als Stipendiat der Forschungsgruppe »Kultbild« an die Universität Münster, danach an die RWTH Aachen, wo er den Lehrstuhl von Jan Pieper vertrat. Er war Stipendiat der Volkswagen- und der Thyssenstiftung und ab 2006 Hausmitglied des Max-Planck-Instituts für Kunstgeschichte »Bibliotheca Hertziana«. Joseph Imorde lehrte an der Eidgenössisch Technischen Hochschule Zürich, an der Hochschule für Gestaltung Zürich, der Rheinisch-Westfälisch Technischen Hochschule in Aachen. Seit August 2008 hat er den Lehrstuhl für Kunstgeschichte an der Universität Siegen inne. Arbeitsfelder sind Barocke Kunst, Kunsthistoriographie, Architekturgeschichte bzw. Architekturtheorie, historische Emotionsforschung, Medientheorie et cetera. Buchveröffentlichungen: Präsenz und Repräsentanz. Oder: Die Kunst, den Leib Christi auszustellen (1997), Barocke Inszenierung (1999), Plätze des Lebens (2002), Affektübertragung (2004), Die Grand Tour in Moderne und Nachmoderne (2008), Michelangelo Deutsch! (2009), Dreckige Laken (2012), Medialität und Menschenbild (2012).

Karin Kranhold
Studium der Kunstgeschichte, Soziologie und Publizistik an den Universitäten Göttingen und Pavia (Italien) sowie der Freien Universität Berlin
2001-2004 Wissenschaftliche Mitarbeiterin am Kunsthistorischen Institut der Freien Universität Berlin: Konzeption internetbasierter Lehr- und Lerneinheiten für das kunsthistorische Studium
seit 2004 freie Mitarbeit als Dozentin für das kunsthistorische Programm des Weiterbildungszentrums der Freien Universität Berlin, unter anderem Aufbau eines Programmbereichs zur Skulptur
seit 2005 Wissenschaftliche Mitarbeiterin am Kunsthistorischen Institut der Freien Universität Berlin: Konzeption und Einführung von Blended Learning-Modellen in der universitären Lehre sowie seit 2006 Koordination des Kooperationsprojektes »Denkwerk Kunstgeschichte – Bildung durch Bilder« zwischen dem Kunsthistorischen Institut und 14 Schulen in Berlin und Brandenburg
Forschungsschwerpunkte:
Kunstvermittlung, Geschichte und Theorie der Skulptur, Kunst der Frühen Neuzeit mit dem Schwerpunkt Italien.

Klaus Krüger
Studium der Kunstgeschichte, Deutschen Literaturwissenschaft, Philosophie und Italianistik an der Ludwig-Maximilians-Universität in München
1987 Promotion in München
1987-1992 Stipendiat und Wissenschaftlicher Assistent an der Bibliotheca Hertziana (Max-Planck-Institut) in Rom, anschließend Wissenschaftlicher Assistent an der TU Berlin
dort 1997 Habilitation
1999-2002 Lehrstuhl für Kunstgeschichte an der Ernst-Moritz-Arndt-Universität Greifswald
2002-2003 Ordinarius für Kunstgeschichte der Frühen Neuzeit an der Universität Basel
seit 2003 Lehrstuhl für Kunstgeschichte an der Freien Universität Berlin; Gast- und Forschungsprofessuren École des Hautes Études en Sciences Sociales (ÉHÉSS) in Paris (1999), an der Columbia University in New York (Italian Academy for Advanced Studies in America, 2004/05), am Istituto di Studi Umanistici der Università degli Studi di Firenze (2006), am Exzellenzcluster »Grundlagen von Integration« (EXC 16) der Universität Konstanz (2007/08), am Exzellenzcluster »Languages of Emotion« (EXC 302) der FU Berlin (2008/09), am Internationalen Forschungszentrum Kulturwissenschaften (IFK) in Wien (2011) und an der Bibliotheca Hertziana (Max-Planck-Institut für Kunstgeschichte) in Rom (2012/13)
Forschungsschwerpunkte: Theorie und Geschichte des Bildes, der Skulptur und der visuellen Medien in Mittelalter und Früher Neuzeit; Italienische Kunst vom Mittelalter bis zum Barock (12. bis 17. Jahrhundert); Bildanthropologie und Kulturelle Semantik in der Vormoderne; Gegenwartskunst; Kunst und Film; Methodengeschichte.

Sylvia Metz
Studium der Fächer Kunstgeschichte, Psychologie und Klassische Archäologie an den Universitäten Gießen, Rom und Berlin (HU/TU). Studien- und Forschungsaufenthalte in New York, Washington, D.C. und Rom. Stipendien der Willem de Kooning Foundation, des DAAD und des Italienischen Außenministeriums. Als Kunstvermittlerin tätig für die Neue Nationalgalerie, das Deutsche Guggenheim und die Kunstsammlung der Deutschen Bank. 2006-2008 Wissenschaftliches Volontariat in der Schirn Kunsthalle Frankfurt. 2008 Lehrauftrag an der Philipps-Universität Marburg (Kuratorische Praxis). Seit WS 2008/09 Wissenschaftliche Mitarbeiterin an der Professur für Kunstgeschichte, Institut für Kunstpädagogik der JLU Gießen. Dissertationsprojekt: »Schwarz und Weiß im Abstrakten Expressionismus. Bilder zwischen subjektivem Ausdruck und objektiver Form« (Betreuerin: Prof. Dr. Claudia Hattendorff).

Ludwig Tavernier
Jahrgang 1955, leitet das Seminar für Kunstgeschichte und Kunstvermittlung an der Universität Koblenz-Landau, Campus Koblenz. Studium der Kunstgeschichte, Philosophie und Geschichte an der Hochschule für Philosophie und der Ludwig-Maximilians-Universität in München, dort 1982 Promotion, 1994 Habilitation Universität Leipzig. 1982-1983 Wissenschaftlicher Mitarbeiter an der Ludwig-Maximilians-Universität München, 1983-1985 Forschungsstipendiat an der Bibliotheca Hertziana (Max-Planck-Institut für Kunstgeschichte) in Rom, 1985-1996 Wissenschaftlicher Mitarbeiter und Wissenschaftlicher Assistent an der Ludwig-Maximilians-Universität München. 1996-1997 Vertretungsprofessur an der Universität Leipzig, 1998-1999 Lehrtätigkeit an der Universität Salzburg, der University of California, Santa Barbara (U.S.A.) und der Universität Graz. Seit 2000 Professor an der Universität Koblenz-Landau. Mitglied im Präsidium der Europäischen Akademie der Wissenschaften und Künste, Salzburg. 2009 Ehrenpromotion an der Universität Alba Iulia, Siebenbürgen, Rumänien.
Veröffentlichungen zur Kunstgeschichte und Vermittlung der Kunstgeschichte vom Mittelalter bis ins 20. Jahrhundert. Forschungsschwerpunkte: Interkulturalität, Intermedialität, Edutainment; Kunst, Kommunikation, Mobilität; Rhein-Mosel-Gebiet und UNESCO Welterbe in Rheinland-Pfalz und Hessen; Funktion und Bedeutung des Bildes in den monotheistischen Religionen; Europa, Orient und Moderne.

Barbara Welzel
Jahrgang 1961. Studium der Kunstgeschichte, Philosophie und Musikwissenschaft in Bochum und Berlin, Promotion 1989 (»Abendmahlsaltäre vor der Reformation«, Berlin 1991), Assistentin am Kupferstichkabinett und an der Gemäldegalerie SMPK, Berlin (Mitarbeit an »Rembrandt. Der Meister und seine Werkstatt«, Ausstellung Berlin/Amsterdam/London 1991/92), Assistentin am Kunsthistorischen Institut in Marburg, Habilitation 1997 (»Der Hof als Kosmos sinnlicher Erfahrung. Der Fünf-Sinne-Zyklus von Peter Paul Rubens und Jan Brueghel d.Ä. als Bild der erzherzoglichen Sammlungen Isabellas und Albrechts«, in Aufsätzen publiziert). Seit 2001 Professorin für Kunstgeschichte an der Technischen Universität Dortmund, seit 2009 Mitglied im Vorstand des Verbandes Deutscher Kunsthistoriker, seit 2011 Prorektorin Diversitätsmanagement an der TU Dortmund.
Veröffentlichungen zur deutschen und niederländischen Kunstgeschichte des 15. bis 17. Jahrhunderts und zu sammlungsgeschichtlichen Fragen, zur Hofkultur, zur spätmittelalterlichen Stadtkultur sowie zum kulturellen Gedächtnis. Seit 2003 Co-Leitung eines umfangreichen interdisziplinären Projektes zur Kultur in der spätmittelalterlichen Stadt. Modellprojekte und Publikationen zu Kunstgeschichte und Bildung.

www.ingramcontent.com/pod-product-compliance
Lightning Source LLC
Chambersburg PA
CBHW082209220526
45470CB00010B/3098